U0788872

中国书籍国学馆

全四卷 第四卷

古文观止

精华

《中国书籍国学馆》编委会 编

中国书籍出版社
China Book Press

注释 ①增其旧制：扩大原来的规模。属：同『嘱』，嘱托。②衔：包含。远山：指洞庭湖中的君山。浩浩汤汤：水势盛大的样子。③樯倾楫摧：指船只毁坏。樯：桅杆。楫：船桨。④去国：离开国都。⑤上下天光：明净的天空倒映在水里，天水融为一色。『上』指

岳阳楼记

北宋·范仲淹

庆历四年春，滕子京谪守巴陵郡。越明年，政通人和，百废具兴，乃重修岳阳楼，增其旧制，刻唐贤、今人诗赋于其上，属予作文以记之①。

予观夫巴陵胜状，在洞庭一湖。衔远山，吞长江，浩浩汤汤②，横无际涯；朝晖夕阴，气象万千。此则岳阳楼之大观也，前人之述备矣。然则北通巫峡，南极潇湘，迁客骚人，多会于此。览物之情，得无异乎？

若夫霪雨霏霏，连月不开，阴风怒号，浊浪排空；日星隐曜，山岳潜形；商旅不行，樯倾楫摧③；薄暮冥冥，虎啸猿啼。登斯楼也，则有去国④怀乡，忧谗畏讥，满目萧然，感极而悲者矣。

至若春和景明，波澜不惊，上下天光⑤，一碧万顷；沙鸥翔集，锦鳞游泳；岸芷汀兰，郁郁青青。而或长烟一空，皓月千里，浮光耀金，静影沉璧⑥，渔歌互答，此乐何极！登斯楼也，则有心旷神怡，宠辱皆忘，把酒临风，其喜洋洋者矣。

嗟夫！予尝求古仁人之心，或异二者之为，何哉？不以物喜，不以己悲⑦。居庙堂之高，则忧其民；处江湖之远，则忧其君。是进亦忧，退亦忧。然则何时而乐耶？其必曰『先天下之忧而忧，后天下之乐而乐』欤！噫！微斯人，吾谁与归⑧！

时六年九月十五日。

译文 庆历四年春天，滕子京被贬到巴陵郡做太守。到第二年，巴陵郡的政务顺利，百姓安乐，一切废弛

天，『下』指水。⑥浮光耀金：月映水上如金光闪耀。沉璧：指水中月影。⑦『不以物喜』两句：指思想感情不因为环境的好坏和个人的得失而或喜或悲。⑧谁与归：即『与谁归』。归：归向，同道。

的事都兴办起来了。于是他就重新修建了岳阳楼，扩大它原来的规模，把唐朝名人和现代人的诗赋刻在楼上，嘱托我写一篇文章记述这件事。

我看那巴陵的美景，全在洞庭湖上。它包含着远方的山，接纳了长江的水，浩浩荡荡，无边无际。早晨的阳光，傍晚的月色，景色千变万化。这就是岳阳楼上看到的壮丽景色，前人已经描述得很详细了。但是，它北通到巫峡，南边一直到潇湘，降职远调的官吏和来到这里的文人，看到景物之后产生的心情，难道没有不同吗？

像那连绵不断的雨密密地下着，接连几个月不天晴，寒风怒号，浑浊的浪头腾空而起，太阳和星星隐没了光辉，山峰也看不见了。商人和旅客不能赶路，船上的桅杆倒了，桨也断了，一到傍晚，天色昏暗起来，虎在怒吼，猿猴在哀啼。这时候登上这座楼，就会想起远离国都，怀念家乡，害怕别人诽谤自己、嘲笑自己，只觉得满眼是凄凉的景象，感慨不已，忍不住悲伤起来。

至于像春天温和，阳光明媚，风平浪静，湖光天色相映，碧绿无边；沙鸥有时飞翔，有时停聚，美丽的鱼儿游来游去，岸边的香芷洲上的兰花，香气扑鼻，长得非常茂盛。有时候大片烟雾完全消散，明亮的月色照耀着千里湖面；有时水波荡漾，金光闪闪；有时水面不起一丝波纹，静静的月光的倒影像沉在水里的一块玉璧。渔歌这边唱，那边和，这种乐趣哪里有尽头！这时登上这座楼，就会心胸开朗，精神愉快，荣誉和耻辱都忘记了，端起酒杯面对和风，喜气洋洋。

唉！我曾经探求过古代道德高尚的人的思想感情，或许和上面两种心情不同。为什么呢？他们不因为环境顺利就高兴，不因为自己失意就悲伤。他们如果在朝廷上做官，就为老百姓操心；如果在偏远的民间，就替皇帝忧虑。这样在朝廷也忧虑，在民间也忧虑，那么什么时候才快乐呢？他们一定会说：『要在天下人忧虑之前就忧虑，在天下人享乐之后才享乐。』唉！如果没有这种人，我将和谁一道呢？

写于庆历六年九月十五日。

赏析 本文是一篇千古传诵的名文，是作者庆历六年（一〇四六）被贬知邓州时写的。岳阳楼在今湖南省岳阳市，自唐建成以来，就负有盛名，为历代才士登临之所。本文出色地描写了岳阳楼上所能见到的景物，抒发了作者『先天下之忧而忧，后天下之乐而乐』的生活理想，表现出作者积极有为的抱负与忧国忧民的思想，大大超出一般的『迁客骚人』的思想境界。文体骈散兼用，以骈语写景，以散文议论，又多用四字句，偶亦用韵，使文章朗朗上口。

文中的『先天下之忧而忧，后天下之乐而乐』是千古名句，一直为后世人所传颂，影响了一批又一批的有志之士，为了祖国的大业而英勇奋斗，正因为有了他们的热情和努力，才不断促进社会的真正进步。

纵囚论

北宋·欧阳修

信义行于君子，而刑戮施于小人。刑入于死者，乃罪大恶极，此又小人之尤甚者也。宁以义死，不苟幸生，而视死如归，此又君子之尤难者也。方唐太宗之六年，录大辟[1]囚三百余人，纵使还家，约其自归以就死。是以君子之难能[2]，期小人之尤者以必能也。其囚及期，而卒自归无后者，是君子之所难，而小人之所易也。此岂近于人情哉？

或曰：罪大恶极，诚小人矣。及施恩德以临之，可使变而为君子。盖恩德入人之深，而移人之速，有如是者矣。曰：太宗之为此，所以求此名也。然安知夫纵之去也，不意其必来以冀免[3]，所以纵之乎？又安知夫被纵而去也，不意其自归而必获免，所以复来乎？夫意其必来而纵之，是上贼[4]下之情也；意其必免而复来，是下贼上之心也。吾见上下交相贼以成此名也，乌有所谓施恩德与夫知信义者哉？不然，太宗施德于天下，于兹六年矣，不能使小人不为极恶大罪，而一日之恩，能使视死如归，而存信义，此又不通之论也。

然则何为而可？曰：纵而来归，杀之无赦；而又纵之，而又来，则可知为恩德之致尔。然此必无之事也。若夫纵而来归而赦之，可偶一为之尔。若屡为之，则杀人者皆不死，是可为天下之常法乎？不可为常者，其圣人之法乎？是以尧、舜、三王[5]之治，必本于人情；不立异以为高，不逆情以干誉[6]。

注释 ①录：选取。大辟：先秦时代死刑的通称。辟，刑。②难能：不容易做到的。③冀免：希望赦免。④贼：揣摩，揣度。⑤尧、舜、三王：古代的圣明君主。三王：指夏禹、商汤、周文王。⑥逆情：违背人情。干誉：求取名誉。

【譯文】对君子要讲信义，对小人要施用刑罚。刑罚判成死罪的，是罪恶到了极点的人，这又是小人中最厉害的了。宁愿为了信义而死，不愿苟且偷生，这又是君子特别难做到的。

当唐太宗贞观六年的时候，选取判了死罪的囚犯三百多人，释放了让他们回家，并约定时间叫他们自己回来接受死刑。这是连君子都难以做到的事，希望最坏的小人一定去做到。那些囚犯到了期限，终于自动回来，没有一个迟到的人。这是君子都难以做到的事，小人却轻易地做到了。这难道是近于人情的吗？有人说：『罪大恶极，确实是小人，但是等到对他施加恩德，就能使他变成君子。因为恩德深入人心，很快改变了他们的品质，所以出现了像这样的事情。』我要说：『唐太宗所以这样做，正是要求得这样的好名声。但是又怎么知道囚犯回去，不是料想到他们一定会自己回来希望赦免呢？又怎么知道那被放回家的囚犯，不是料想到他们自动回来一定会得到赦免，才自动回来的呢？料想到他们一定会回来而放他们出去，是上面的揣摩下面的心情；料想到一定会被赦免而回来，这是下面的揣摩上面的心思。我只看到上面下面互相揣摩来得到这种好名声，哪里有什么布施恩德和懂得信义呢？如果说不是这样的话，那么唐太宗向天下布施恩德，到这时已经有六年了，还不能使小人不做罪大恶极的事；然而一天的恩德，却能使他们视死如归保存信义，这又是讲不通的道理。』

既然这样，那么怎样做才行呢？我说：『释放了而能自动回来，杀掉他们而不赦免，然后再释放一批，如果他们又回来了，就可以知道是布施恩德造成的。然而这是一定不会有的事啊。至于释放了能够自动回来再加以赦免的事，只能偶而做做罢了。如果屡次这样做，那么杀人犯都不会死了，这能够作为天下长久的法律吗？不能作为长久的法律，是圣人的法律吗？所以，尧、舜和大禹、商汤、文王他们治理天下，一定根据人情，不标新立异来显示高尚，不违背人情来求取名誉。』

【赏析】这是一篇关于唐太宗『纵囚』的史论。据载：唐太宗于贞观六年十二月『亲录囚徒归死罪者

二百九十人于家，令明年秋末就刑。其后，应期毕至，诏悉原之』。这件事一直被封建史家称道，欧阳修却有不同的看法。他主张法治，不主张人治，认为纵囚不近人情，不可作为『常法』，甚至一针见血地指出唐太宗此举在于沽名钓誉。文章步步分析，层层辩驳，纵收自如。

但是欧阳修以为唐太宗这样做只是为了名誉而没有实质性的意义，其实这只是欧阳修一种偏执的说法。唐太宗实行仁政取得了显著的效果这是人皆共知的，即使他在这方面没有想出更好的办法，但至少在当时也起到了一定的作用，所以看问题要全面分析，太偏激的思想容易造成极大的错误。

【古文观止】卷十

卷十

醉翁亭记

北宋·欧阳修

环滁①皆山也。其西南诸峰，林壑尤美。望之蔚然而深秀者，琅琊也。山行六七里，渐闻水声潺潺，而泻出于两峰之间者，酿泉也。峰回路转②，有亭翼然③临于泉上者，醉翁亭也。作亭者谁？山之僧智仙也。名之者谁？太守自谓也。太守与客来饮于此，饮少辄醉，而年又最高，故自号曰『醉翁』也。醉翁之意不在酒，在乎山水之间也。山水之乐，得之心而寓之酒也。

若夫日出而林霏开，云归而岩穴暝，晦明变化④者，山间之朝暮也。野芳发而幽香，佳木秀而繁阴，风霜高洁，水落而石出者，山间之四时也。朝而往，暮而归，四时之景不同，而乐亦无穷也。

至于负者歌于途，行者休于树，前者呼，后者应，伛偻提携⑤，往来而不绝者，滁人游也。临溪而渔，溪深而鱼肥；酿泉为酒，泉香而酒洌⑥。山肴野蔌，杂然而前陈者，太守宴也。宴酣之乐，非丝非竹，射者中，弈者胜，觥筹交错，起坐而喧哗者，众宾欢也。苍颜白发，颓乎其中者，太守醉也。

已而夕阳在山，人影散乱，太守归而宾客从也。树林阴翳⑦，鸣声上下，游人去而禽鸟乐也。然而禽鸟知山林之乐，而不知人之乐；人知从太守游而乐，而不知太守之乐其乐也。醉能同其乐，醒能述以文者，太守也。太守谓谁？庐陵欧阳修也。

译文 环绕着滁州城的都是山。它的西南方的各个山峰，树林和山谷尤其优美。望过去树木茂盛、幽深秀

注释 ①环：环绕。滁：滁州。②峰回路转：山势回环，路也跟着转弯。回，转弯。③翼然：指亭子四角翘起，像鸟展翅的样子。④晦明变化：或暗或明，变化不一。⑤伛偻：弯腰驼背的样子，指老年人。提携：拉着手领着走，指小孩。⑥洌：极清。⑦阴翳：树

荫遮蔽着。

丽的是琅琊山。在山上走了六七里，渐渐地听到潺潺的流水声，水从两座山峰之间奔泻出来的，这是酿泉。山势回环，路也跟着转弯，有座亭子四角翘起、像鸟儿张开翅膀一样，靠近酿泉边上，这就是醉翁亭。造亭子的是谁？是这山里的和尚智仙，给亭子取这个名字的是谁？是太守用自己的别号来称呼它。太守和客人们到这里来宴饮，喝一点点酒就醉了，而年纪又最大，所以自称醉翁。醉翁的心思不在于喝酒，而在于游山玩水。游山玩水的快乐，内心领略了，又通过喝酒来寄托这种快乐。

早晨太阳出来，树林里的雾气散开，傍晚烟云聚拢，山石洞穴又阴暗起来，这样由明变暗，由暗变明的情形，就是山中的早晨和傍晚。野花开放，发出清幽的香气；树木枝繁叶茂，形成一片浓密的绿荫；天高气爽，霜色洁白；山谷里水落下去，石头露出来：这就是山中一年四季的景象。早上去，傍晚回，四季的风景不同，游玩的乐趣也无穷无尽。

至于背着东西的人在路上唱着歌，走路的人在树下休息，前面的人大声呼唤，后面的人随声答应，驼着背的老人和被牵着的小孩，来来往往络绎不绝，这是滁州的人在山里游玩。到溪里捕鱼，溪水很深，鱼很肥；用酿泉的水酿酒，泉水香甜，酒色清纯；野味野菜，纷纷摆在桌前：这是太守在举行宴会。宴会喝酒的乐趣，不在于动听的音乐；投壶的人投中了，下棋的人下赢了，就罚输的喝酒，于是酒杯酒筹交互错杂，一时坐着，一时站起，大声喧闹：这是太守的宾客在尽情地欢乐啊！苍老的容颜、雪白的头发，醉醺醺地坐在他们中间：这是太守喝醉了。

后来傍晚的太阳落在西山上，人影散乱：这是太守回府，客人们跟着他。浓密的树荫遮盖着，上上下下的鸟叫声响成一片：这是游人离去了，鸟儿在尽情欢唱。但是鸟儿只知道山林里的快乐，却不知道游人的快乐；游人只知道跟着太守游玩很快乐，却不知道太守因为看到他们快乐而感到很快乐。喝醉了能和大家一起快乐，酒醉以后能够用文章记下这些快乐情形的，是太守。太守是谁？是庐陵的欧阳修啊！

赏析 本文是作者被贬为滁州知州时写的。文章通过对优美的自然环境与和乐的社会风气的描写，表达了作者『与民同乐』的政治理想，从侧面表现了自己在滁州的政绩，同时，也反映了他遭贬谪后纵情山水，借以排遣愁闷的思想。

文章文采飞扬，写景抒情莫不酣畅淋漓。二十一个『也』使文章有一气呵成之感，音韵铿锵，美不胜收。欧阳修作文，最喜精思细改。本文首句本来是用几个分句写滁州四面有哪些山，反复修改后，定为五字：『环滁皆山也。』

作者虽遭贬谪可是能在纵情山水中找到快乐，这就是人生一大幸事。由此我们可以看出人在这个世界上生存并非只有做官是最好的选择，只要以一种乐观的心态去对待生活，那么生活就处处都充满喜悦和希望。

秋声赋

北宋·欧阳修

欧阳子方夜读书，闻有声自西南来者，悚然而听之，曰：『异哉！』初淅沥以萧飒，忽奔腾而砰湃，如波涛夜惊，风雨骤至。其触于物也，鏦鏦铮铮，金铁皆鸣；又如赴敌之兵，衔枚①疾走，不闻号令，但闻人马之行声。

予谓童子：『此何声也？汝出视之。』童子曰：『星月皎洁，明河②在天。四无人声，声在树间。』

予曰：『噫嘻，悲哉！此秋声也，胡为乎来哉？』盖夫秋之为状也，其色惨淡，烟霏云敛；其容清明，天高日晶；其气栗冽，砭③人肌骨；其意萧条，山川寂寥。故其为声也，凄凄切切，呼号奋发。丰草绿缛而争茂，佳木葱笼而可悦。草拂之而色变，木遭之而叶脱。其所以摧败零落者，乃一气④之余烈。

『夫秋⑤，刑官也，于时为阴⑥；又兵象也，于行为金。是谓「天地之义气」，常以肃杀而为心。天之于物，春生秋实。故其在乐也，商声主西方之音，夷则为七月之律。商，伤也，物既老而悲伤；夷，戮也，物过盛而当杀。

『嗟夫！草木无情，有时飘零。人为动物，惟物之灵。百忧感其心，万事劳其形。有动乎中，必摇其精。而况思其力之所不及，忧其智之所不能！宜其渥然丹者为槁木，黟然黑者为星星⑦。奈何以非金石之质，欲与草木而争荣？念谁为之戕贼⑧，亦何恨乎秋声！』

童子莫对，垂头而睡，但闻四壁虫声唧唧，如助予之叹息。

注释 ①鏦鏦铮铮：金属撞击声。衔枚：古代行军时，常令士兵口里横衔一根像筷子的小棍，使他们不能讲话，保持部队肃静，以免被敌人发觉。衔：含。②明河：明亮的天河，也称银河。③砭：古代用来治病的石针。这里是针刺的意思。④一气：指秋气。⑤

夫秋，刑官也：周朝设官，以天地四季命名（称为六卿），掌管刑法，狱讼的为秋官。⑥于时为阴：古人以阴阳配四季，春夏为阳，秋冬为阴。⑦渥然丹者：指红润的容貌，这里指年轻人。槁木：枯木，这里指衰老。黟然：黑色的样子。星星：点点白色。⑧戕贼：残害。

译文 我正在夜里读书，听到有一种声音从西南方传来，我吃惊地细听，说：『奇怪啊。起初是淅沥的雨声夹杂着飒飒的风声，忽然奔腾澎湃，好像波涛在夜里猛然冲来，风雨突然袭来。它撞到物体上，发出鏦鏦铮铮的声音，好像金属撞击；又像开赴战场的士兵，口里衔枚急速前进，听不到号令，只听到人马行走的脚步声。』

我对书童说：『这是什么声音啊？你出去看看。』书童回答说：『星光月色，明亮皎洁，银河高挂在天上，四周都没有人声，声音是从树林里发出来的。』

我说：『唉！悲伤啊！这就是秋天的声音。它为什么来呢？那是秋天的情景：它的颜色凄惨暗淡，烟云聚集；它的容貌清静明亮，天空高朗，阳光灿烂；它的气候寒冷，刺入肌骨；它的意态萧条，山河寂寞寥落。所以它发出的声音，凄凄切切，呼喊号叫，尽力地发泄。春夏的时候，绿草繁茂欣欣向荣，美丽的树木青翠茂盛，非常可爱。可是，青草一触到这秋声，颜色就变了，绿树一碰到它叶子就落了；它们之所以摧败零落，是因为秋气的余威啊！秋天，是掌管刑罚的法官，在时令上属于阴；它又是征伐的季节，在五行上属于金；这叫做天地的肃杀之气，常常把严厉的摧残作为主旨。天对于万物，让它们春天生长，秋天结实。所以，在音乐方面，商声是秋天的音，主管西方。夷则是七月的律。商，就是伤，万物已经衰老，就悲伤；夷，就是杀，万物太茂盛了就该杀。

唉！草木是没有情感的东西，尚且到了秋天就要飘零；人是动物，而且是动物中最有灵性的，百般忧虑动摇他的心绪，万件事情劳累他的形体。心中躁动不安，一定会损伤他的精神，更何况要去考虑他的力量做不到的事，担心他的智慧办不成的事，这当然会使他红润的容貌变得衰老，乌黑的头发变得白发斑斑。为什么要拿自己并不是金石般坚牢的身体，去和草木争荣呢？应该想想是谁折磨自己的，又何必怨恨这凄凉的秋声！

书童不回答我，低着头睡了。只听到墙壁四周虫子唧唧地叫着，就像在陪着我叹息。

赏析 本文是散文赋中的名篇。作者运用多种比喻，把无形的秋声写得有形有色，形象生动，跃然纸上，反映了作者历经宦海沉浮产生的清心寡欲的思想，要人们不『思其力之所不及，忧其智之不能』，但也并不缺少悲秋恨秋之感。文章以散句为主，参以骈偶，加上自然宛转的韵语，使文章很有一种音乐美。

本文中表达的作者清心寡欲的心境是值得我们学习的。在这个嘈杂的世界里，人们承受着太多的压力，这就要我们自己去排解，那么如何才能让自己生活得舒适而且幸福呢？那就要有一颗平静的心态去对待生活，而不要刻意去追求什么，这样生活才能处处充满喜悦。

泷冈阡表

北宋·欧阳修

呜呼！惟我皇考崇公，卜吉于泷冈之六十年，其子修始克表于其阡①。非敢缓也，盖有待也。

修不幸，生四岁而孤。太夫人②守节自誓，居穷，自力于衣食，以长以教，俾至于成人。太夫人告之曰：『汝父为吏，廉而好施与，喜宾客。其俸禄虽薄，常不使有余，曰：「毋以是为我累。」故其亡也，无一瓦之覆、一垄之植③以庇而为生，吾何恃而能自守耶？吾于汝父，知其一二，以有待于汝也。自吾为汝家妇，不及事吾姑，然知汝父之能养也。汝孤而幼，吾不能知汝之必有立，然知汝父之必将有后也。吾之始归也，汝父免于母丧④方逾年。岁时祭祀，则必涕泣曰：「祭而丰，不如养之薄也。」间御酒食，则又涕泣曰：「昔常不足，而今有余，其何及⑤也！」吾始一二见之，以为新免于丧适然⑥耳。既而其后常然，至其终身未尝不然。吾虽不及事姑，而以此知汝父之能养也。汝父为吏，尝夜烛治官书，屡废而叹。吾问之，则曰：「此死狱也，我求其生不得尔。」吾曰：「生可求乎？」曰：「求其生而不得，则死者与我皆无恨也。矧求而有得耶？以其有得，则知不求而死者有恨也。夫常求其生，犹失之死，而世常求其死也。」回顾乳者抱汝而立于旁，因指而叹曰：「术者谓我岁行在戌将死，使其言然，吾不及见儿之立也，后当以我语告之。」其平居教他子弟，常用此语，吾耳熟焉，故能详也。其施于外事，吾不能知。其居于家，无所矜饰，而所为如此，是真发于中者邪！呜呼！其心厚于仁者耶！此吾知汝父之必将有后也。汝其勉之。夫养不必丰，要于孝；利虽不得博于

注释 ①皇考：对亡父的尊称。卜吉：占卜吉地。克：能够。②太夫人：指欧阳修的母亲郑氏。古时列侯之妻称夫人，列侯死，子称其母为『太夫人』。③『无一瓦之覆』二句：谓没有片瓦可资覆盖（指没有自己的房屋），没有一块田地可以耕种。④免于

母丧：母亲死后，守丧期满。⑤何及：指来不及以酒食事亲。⑥适然：偶然这样。和下文『常然』、『未尝不然』相对应。⑦博于物：普及于人。⑧参政事：做参知政事，即副宰相。⑨又七年而罢：欧阳修在宋英宗治平四年（公元一〇六七年）被罢免参知政事。二府：宋代枢密主管军事，中书省主管政事，同为

物⑦，要其心之厚于仁。吾不能教汝，此汝父之志也。』修泣而志之，不敢忘。

先公少孤力学，咸平三年进士及第，为道州判官，泗、绵二州推官，又为泰州判官，享年五十有九，葬沙溪之泷冈。太夫人姓郑氏，考讳德仪，世为江南名族。太夫人恭俭仁爱而有礼，初封福昌县太君，进封乐安、安康、彭城三郡太君。自其家少微时，治其家以俭约，其后常不使过之。曰：『吾儿不能苟合于世，俭薄所以居患难也。』其后修贬夷陵，太夫人言笑自若，曰：『汝家故贫贱也，吾处之有素矣。汝能安之，吾亦安矣。』

自先公之亡二十年，修始得禄而养。又十有二年，列官于朝，始得赠封其亲。又十年，修为龙图阁直学士、尚书吏部郎中，留守南京。太夫人以疾终于官舍，享年七十有二。又八年，修以非才入副枢密，遂参政事⑧。又七年而罢。自登二府，天子推恩⑨，褒其三世。盖自嘉祐以来，逢国大庆，必加宠锡。皇曾祖府君，累赠金紫光禄大夫、太师、中书令；曾祖妣，累封楚国太夫人。皇祖府君，累赠金紫光禄大夫、太师、中书令兼尚书令；祖妣，累封吴国太夫人。皇考崇公，累赠金紫光禄大夫、太师、中书令兼尚书令。皇妣，累封越国太夫人。今上初郊，皇考赐爵为崇国公，太夫人进号魏国。

于是小子修泣而言曰：『呜呼！为善无不报，而迟速有时，此理之常也。惟我祖考，积善成德，宜享其隆。虽不克有于其躬，而赐爵受封，显荣褒大，实有三朝之锡命。是足以表见于后世，而庇赖其子孙矣。』乃列其世谱，具刻于碑。既又载我皇考崇公之遗训，太夫人之所以教而有待于修者，并揭于阡。俾知夫小子修之德薄能鲜，遭时窃位，而幸全大节，不辱其先者，其来有自。

熙宁三年，岁次庚戌，四月辛酉朔，十有五日乙亥，男推诚、保德、崇仁、翊戴

功臣，观文殿学士，特进，行兵部尚书，知青州军州事，兼管内劝农使，充京东路安抚使，上柱国，乐安郡开国公，食邑四千三百户，食实封⑩一千二百户，修表。

译文 唉！我的先父崇国公，在泷岗占卜吉地安葬六十年了，他的儿子欧阳修才能够在墓道上立碑。这并不是我敢拖延，而是因为有所等待。

我不幸，生下来四岁时父亲就去世了。母亲自己发誓守节，家境贫寒，自己操持生活，抚养、教育我，使我一直长大成人。母亲告诉我说：『你父亲做官，清廉自守却喜欢周济别人，又喜欢结交朋友。他的俸禄虽然微薄，却常常不让它有一点剩余。他说：「不要让它成为我的负担。」所以他去世后，没有房屋可以居住，没有一块田地可以耕种，用来依赖维生。我靠什么能够自己守节呢？我对你父亲，略微知道一二，因而对你有所期待。自从我做了你家的媳妇，没有来得及赶上侍奉我的婆母，但我知道你父亲是能孝养父母的。你没了父亲，年纪又小，我不能知道你一定会有所成就，但是知道你父亲一定会有好后人。我刚嫁过来的时候，你父亲服母丧期满刚过一年。每当逢年过节祭祀的时候，他一定流着泪说：「祭祀时祭品再多，也比不上活着时微薄的供养啊。」偶然用点好酒好饭菜，就又流泪说：「以前常常缺少，现在却有剩余了，可是怎么来得及供养父母呢？」我开始看一两次，认为他是新近免除服丧，偶然这样罢了。后来却经常这样，直到他去世，没有一次不是这样的。我虽然没赶上侍奉婆母，但从这里我知道你父亲一定能孝敬奉养父母的。你父亲做官，曾经在夜里点灯批阅案卷，多次停下来叹息。我问他，他说：「这判死罪的案子，我想救活他却做不到。」我说：「该判死罪的还能想法救么？」他说：「想救活他却做不到，那么死者和我都没有遗憾了；何况想救活有时还做得到呢？因为可以救活，而知道凡是没有替他想办法而被处死的，就会有遗恨。经常想救活死囚，还免不了错杀；世上却还有人总是想把人处死呢！」他回头看到奶娘抱着你站在旁边，就指着你叹息说：「算命的人说我碰到戌年就会死了，如果他的话说对了，

最高国务机关，并称『二府』。推恩：施与恩惠。⑩食邑：亦称『采邑』或『封地』。指以征收封地的租税作食禄。食实封：谓实封的食邑。

那我就看不到这孩子成人了，以后你应该把我的话告诉他。」他平时教育其他晚辈，也常用这些话，我听熟了，所以记得很清楚。他在外面做的事，我不能知道；他住在家里，我却知道是没有一点做作的。这些话是真正发自内心深处的！唉！他的心是很重视仁德的！这就是我知道你父亲会有好后代的原因。你一定要用这些勉励自己啊！供养父母不一定要衣食丰厚，重要的是孝顺；利人的事虽然不能遍及每个人，重要的是心里要重视仁义。我不能教导你，这是你父亲的期望啊。』我哭着记住了这些话，不敢忘记。

先父小时候便失去了父亲，努力读书。咸平三年中了进士，做过道州的判官，泗州、绵州的推官，又做过泰州的推官，终年五十九岁，葬在沙溪的泷冈。我母亲姓郑，她的父亲名德仪，世代都是江南有名的大族。我母亲恭敬节俭仁厚慈爱，待人很有礼节，开始被封为福昌县太君，后来晋封为乐安、安康、彭城三郡太君。从我们家里贫穷时起，她管理家务就注意节俭，后来总是不让超过这个限度，说：『我的儿子不会苟且迎合世人，俭朴节约是为了准备将来过患难日子。』后来我被贬官做夷陵的知县，母亲谈笑自如，说：『你家原来就很穷，我过这种日子已经过惯了。你能安心过，我也能安心过了。』

先父去世二十年后，我才得到俸禄供养母亲。又过了十二年，我到朝廷做官，才能使先人得到封赠。再过了十年，我做了龙图阁直学士、尚书吏部郎中，留守南京。母亲因病在官舍里去世，终年七十二岁。再过了八年，我虽然无才，却进了枢密院当副使，接着当了参知政事。又过了七年罢了官。自从我进了枢密院和中书省，天子施与恩德，褒扬了曾祖、祖、父母三代。从嘉祐年间以来，每逢国家大典，一定加以恩宠赏赐：先曾祖父，累封金紫光禄大夫、太师、中书令；先曾祖母，累封楚国太夫人；先祖父，累封金紫光禄大夫、太师、中书令兼尚书令；先祖母，累封吴国太夫人；先父崇公，累赠金紫光禄大夫、太师、中书令兼尚书令；先母，累封越国太夫人。当今皇上第一次祭天，赠封先父为崇国公，先母加封为魏国太夫人。

于是我流着泪说：唉！做好事没有不得到好报的，只是有早有晚，这是常理。我的祖先，积修善行，

成就仁德，应该享受隆厚的报答。虽然他们生前没能亲自领受，死后却能赐爵受封，荣光显隆，褒扬厚重，享有三朝的恩宠诏命，这就足以让后世称扬，庇佑他们的子孙了。我于是列出世代的家谱，都刻在墓碑上。接着又记下我父崇国公的遗训和先母是如何教导期望我的，都在墓碑上写明。使人们知道我德行微薄，才能缺少，却遇上清明的时代，做了官员，而且万幸保全了大节，没有辱没祖先，是有来由的。

熙宁三年，庚戌岁四月十五日，儿子推诚保德崇仁翊戴功臣、观文殿学士、特进、行兵部尚书、知青州军州事、兼管内劝农使、充京东路安抚使、上柱国、乐安郡开国公，食邑四千三百户、实食邑一千二百户，欧阳修撰表。

赏析 本文是欧阳修撰写刻在他父亲墓前石碑上的墓表。作者四岁时父亲就去世了，所以本文是通过母亲之口来讲述父亲的事情的。表文前半部分称赞先人仁德，后半部分记述家世恩荣，充满扬名显亲的思想。文章不仅写父亲的为人处世，同时也写出了母亲的节操。但文章并不像一般墓碑那样夸张藻饰。追述父亲的孝顺仁厚，母亲的俭约和安于贫贱，只举一两件平实事例，语言质朴，感情深刻真挚。

本文提出了『祭而丰，不如养之薄也』的观点。这句话虽然听起来很简单，却表现出了一个为人子的孝心。在当今这个竞争日益激烈的社会里，人们都在忙于自己的事业，很少去顾及父母的感受。老人们只是在期待儿女能够有时间陪陪自己，可是试想有几个人真正做到了这一点？所以希望这篇文章能给人们以警示，要关心自己的父母，这样以后自己才不会留有遗憾。

注释 ①静者：心态平静、思维冷静的人。②础：柱子下面的石礅。润：潮湿。③疏阔：宽大广阔。这里有渺茫难以捉摸的意思。天地阴阳之事：指自然界的一切现象。④忮：嫉妒，忌恨。⑤中主：中等才能的皇帝。⑥今有人：指王安石。⑦夷、齐：伯夷，叔

辨奸论

北宋·苏洵

事有必至，理有固然。惟天下之静者①，乃能见微而知著。月晕而风，础润②而雨，人人知之。人事之推移，理势之相因，其疏阔而难知，变化而不可测者，孰与天地阴阳之事③？而贤者有不知，其故何也？好恶乱其中，而利害夺其外也。

昔者，山巨源见王衍曰：『误天下苍生者，必此人也！』郭汾阳见卢杞曰：『此人得志，吾子孙无遗类矣！』自今而言之，其理固有可见者。以吾观之，王衍之为人，容貌言语，固有以欺世而盗名者。然不忮④不求，与物浮沉，使晋无惠帝，仅得中主⑤，虽衍百千，何从而乱天下乎？卢杞之奸，固足以败国；然而不学无文，容貌不足以动人，言语不足以眩世，非德宗之鄙暗，亦何从而用之？由是言之，二公之料二子，亦容有未必然也。

今有人⑥，口诵孔、老之言，身履夷、齐⑦之行，收召好名之士、不得志之人，相与造作言语，私立名字，以为颜渊、孟轲复出；而阴贼险狠，与人异趣。是王衍、卢杞合而为一人也，其祸岂可胜言哉？

夫面垢不忘洗，衣垢不忘浣，此人之至情也。今也不然，衣臣虏之衣，食犬彘之食，囚首丧面⑧，而谈《诗》、《书》，此岂其情也哉？凡事之不近人情者，鲜不为大奸慝，竖刁、易牙、开方是也。以盖世之名，而济其未形之患，虽有愿治之主、好贤之相，犹将举而用之；则其为天下患，必然而无疑者，非特二子之比也。

孙子曰：『善用兵者，无赫赫之功⑨。』使斯人而不用也，则吾言为过，而斯人有不

齐。两人都是商朝末年孤竹国国君的儿子，相传孤竹国国君死后，兄弟俩相互推让，都不继位，后一同逃往周地。周武王伐纣，二人叩马而谏。商亡后，他们足不踏周地，口不食周粟，饿死于首阳山。他们的行为为后代儒家所推崇。⑧囚首丧面：形容不注意修饰。⑨善用兵者，无赫赫之功：孙子认为，善于用兵的

遇之叹，孰知祸之至于此哉？不然，天下将被其祸，而吾获知言之名，悲夫！

译文 事情的发展有一定要到达的地步，情理有必定如此的根源。只有天下心态平静，思维冷静的人，才能从细微的变化中预知事情的明显后果。月亮周围出现了光圈，意味着要刮风；柱底的石礅返潮，预示着要下雨，这是人人都知道的。人世间事情的发展变化，道理情势的相互因循，它们的渺茫难知，变化多端而不可预测，哪里比得上天地万物的阴阳变幻呢？可是贤能的人有所不知，这是什么缘故呢？这是因为喜好或厌恶的感情扰乱了他们的心，而利害的得失又影响了他们的行动。

从前，山巨源见了王衍，说：『将来贻误天下老百姓的，一定是这个人。』郭汾阳见了卢杞，说：『这个人一旦得志，我的子孙将会被铲除净尽。』从现在来看，的确有可以预见的道理。据我看来，王衍的为人，他的容貌言语，确实有欺世盗名的地方，然而他不嫉妒别人，不过分贪求，只是在世俗中随波逐流。如果晋朝没有晋惠帝，仅仅有一个一般的君主，即使有千百个像王衍这样的人，又怎么能使天下大乱呢？卢杞的奸险，固然足以使国家败坏，但是他不学无术，容貌既不足以动人，言谈也不能迷惑世人。如果不是昏庸鄙陋的唐德宗，又哪里能够重用他？由此说来，山、郭二公对王、卢二人的预言，也未必准确吧。

现在有个人，嘴上说着孔子、老子的话，亲身实践着伯夷和叔齐的清高行为，收罗了一伙沽名钓誉的士人和一些不得志的人，他们在一起制造舆论，自我标榜，把这个人说成颜渊再世、孟轲复生。可是他内心却阴险狠毒，志趣和一般人大不一样。这真是合王衍、卢杞于一个人了，他酿成的祸患哪里能够说得尽呢？

脸脏了不忘记洗擦，衣服脏了不忘记洗涤，这是人之常情。现在他却不是这样，穿着奴仆的衣服，吃

人往往退敌于未临，所以从表面上看起来没有显著的战功。

着猪狗的食物，头发像囚犯一样又长又脏，脸像居丧者一样布满尘垢，可是他却大谈诗书，这难道合乎情理吗？凡是做事情不近人情的，很少有不是大奸大恶的，竖刁、易牙、开方就是这类人。以盖世的名望来助成他还没有呈现出来的祸患，虽然有励精图治的君主以及喜爱贤才的宰相，也还是会提拔他，并加以重用。那么，他将来成为天下的祸患，那必然是无疑的情况，就不是王衍、卢杞所能比拟的了。

孙子说：『善于用兵的人，没有显赫的战功。』假使这个人不被重用，那么，我的话便会被认为是错的，这个人也会有怀才不遇之叹。如果这样，又有谁能知道他所造成的祸患将会达到这种严重地步呢？如果不是这样，那么天下的人都将遭受他的祸患，而我个人则会获得这卓识的美名，那就太可悲了！

赏析 据前人考证，本文是南宋初年道学家为攻击王安石而假托苏洵之名写作的。本文作者站在保守者的立场上攻击改良派，称之为『奸』。为了攻击、诬蔑王安石，从性格、生活、行为等方面，对王安石肆意诋毁与丑化。为达到政治上反对他人的目的，而进行人身攻击，这种态度和手法是十分卑劣的，前人对此已有过许多批评。由此可见，一种新事物代替旧事物都不是一帆风顺的，它要经受严格的考验，进而一步一步走向成功。

除此之外，文章提出了『见微知著』的观点，即从小事的发展动向可以预知事情的发展态势乃至结果。这是本文的可取之处。

留侯[①]论

北宋·苏轼

古之所谓豪杰之士，必有过人之节[②]，人情有所不能忍者。匹夫见辱，拔剑而起，挺身而斗，此不足为勇也。天下有大勇者，卒然临之而不惊，无故加之而不怒。此其所挟持者[③]甚大，而其志甚远也。

夫子房受书于圯[④]上之老人也，其事甚怪；然亦安知其非秦之世，有隐君子者出而试之？观其所以微见其意者，皆圣贤相与警戒之义；而世不察，以为鬼物，亦已过矣。且其意不在书。

当韩之亡、秦之方盛也，以刀锯鼎镬[⑤]待天下之士。其平居无事夷灭者，不可胜数。虽有贲、育，无所获施。夫持法太急者，其锋不可犯，而其势未可乘。子房不忍忿忿之心，以匹夫之力而逞于一击之间。当此之时，子房之不死者，其间不能容发[⑥]，盖亦危矣。千金之子，不死于盗贼，何哉？其身可爱，而盗贼之不足以死也。子房以盖世之才，不为伊尹、太公之谋，而特出于荆轲、聂政之计，以侥幸于不死，此圯上老人所为深惜者也。是故倨傲鲜腆[⑦]而深折之。彼其能有所忍也，然后可以就大事，故曰：『孺子[⑧]可教也。』

楚庄王伐郑，郑伯肉袒牵羊以迎。庄王曰：『其主能下人，必能信用其民矣。』遂舍之。勾践之困于会稽，而归臣妾于吴者，三年而不倦。且夫有报人[⑨]之志，而不能下人者，是匹夫之刚也。夫老人者，以为子房才有余，而忧其度量之不足，故深折其少年刚锐之气，使之忍小忿而就大谋。何则？非有平生之素，卒然相遇于草野之间，而命以仆

注释 ①留侯：即张良，字子房。相传为城父（今安徽亳州）人。秦末，聚众归附刘邦，为刘邦的重要谋臣。楚汉战争中，辅佐刘邦打败项羽，建立汉朝。后封于留（今江苏沛县东南），故称留侯。②过：超出。节：志节，指志向和气慨。③所挟持者：指

志向，抱负。④圯：桥。⑤刀锯鼎镬：借喻以暴力待人。⑥不能容发：比喻到了非常危险的境地。⑦鲜腆：这里指没有恭维的言辞。⑧孺子：小孩。称别人为『孺子』，是傲慢的表现。⑨报人：向人报仇。⑩油然：顺从的样子。⑪『此其』一句：意思是说，张良相貌柔弱，而志节过人，经桥上老人指点，能够忍人

妾之役，油然⑩而不怪者，此固秦皇之所不能惊，而项籍之所不能怒也。

观夫高祖之所以胜，项籍之所以败者，在能忍与不能忍之间而已矣。项籍唯不能忍，是以百战百胜，而轻用其锋。高祖忍之，养其全锋而待其敝，此子房教之也。当淮阴破齐，而欲自王，高祖发怒，见于词色。由是观之，犹有刚强不能忍之气，非子房其谁全之？

太史公疑子房以为魁梧奇伟，而其状貌乃如妇人女子，不称其志气。呜呼，此其所以为子房欤⑪！

译文 古时候被称为英雄豪杰的人，一定有过人的志节，能容忍一般人所不能忍受的事情。普通人一旦被侮辱，就会拔剑而起，挺身而斗，这不能算是勇敢。天下那些真正有大勇的人，意外事情突然降临而不惊慌，无缘无故地对他加以侮辱，也不发怒，这是由于他的抱负很大，而且志向高远的缘故。

张良从桥上老人那里得到兵书，这件事很奇怪。但是又怎能知道不是秦时隐居的君子，特意出来考验张良的呢？看他用来隐约显示自己意思的，都是圣贤相互警戒的道理。而世人却不明白，以为是鬼怪，这也太错了啊！况且老人的真实用意并不在于授书。

当韩国灭亡、秦国正强盛的时候，秦国用刀锯鼎镬等各种刑具残酷地对付天下贤士，那些平白无故被杀戮的人，不计其数。当时即使有孟贲、夏育这样的勇士，也无法施展他们的本领。施行严刑峻法过于急切的人，他的锋芒是不能去触犯的，而且当时的形势也没有可乘之机。张良不能忍耐愤怒的心情，想以个人的力量，逞强于一次狙击之中。这个时候，张良能够活下来，生死之间简直容不下一根头发，实在是危险极了。富贵人家的子弟，不死于盗贼之手。这是什么原因呢？因为他们知道生命的可贵，不值得同盗贼相斗而死。张良凭着他出类拔萃的才能，不效法伊尹、太公那样考虑大的谋略，而只想采取荆轲、聂政那

之所不能忍，这正是张良的长处。欤：句尾叹词。

种行刺的小计，因为侥幸才保住了生命，这是桥上老人深深地为他惋惜的事。因此，老人在他面前故意摆出高傲无礼的态度，狠狠地挫伤他。他必须能够忍耐，然后才能够成就大的事业。所以老人说：『这小伙子是可以教诲的。』

楚庄王攻伐郑国，郑伯袒露身体，牵着羊去迎接他。楚庄王说：『一国的君主能够屈己尊人，一定会得到百姓的信任和拥护。』于是收兵，不再攻伐。勾践被围困于会稽山上，于是留吴国为质，如同臣妾，三年也不表示厌倦。再说，有报仇的志向，却又不能屈己尊人，这是世俗人的刚强。至于那桥上老人，他以为张良才能有余，但担心他度量不足，所以才狠狠地挫伤他那年轻人刚强暴躁的脾气，使他能够忍受小的愤怒而实现远大的谋略。为什么呢？两个平常毫无交往的人，突然相遇在乡野之间，却命令张良去做奴仆的事情，而张良处之泰然，不以为怪。这样的人当然是秦始皇所不能惊吓，而楚王也不能激怒的。

观察汉高祖之所以取胜，项籍之所以失败的原因，也在于能忍与不能忍之间罢了。项籍只因为不能忍耐，所以百战百胜而轻易地使用他的精锐力量。汉高祖能够忍耐，蓄养他的全部精锐等待项籍的疲敝，这正是张良教给他的。当淮阴侯韩信攻破齐国，想要自立为王的时候，汉高祖大怒，表露于言词和神情上。由此看来，高祖还是有刚强不能忍耐的性情，如果不是张良，还有谁能成全他呢？

太史公曾猜测张良一定是身材魁梧、相貌奇伟的人，但他的体态、容貌竟像妇人女子一样，与他的志向气节很不相称。唉，这大概就是张良之所以是张良的原因吧！

賞析 本文是苏轼的名作之一，表现出苏轼史论论述绵密又挥洒自如的风格。作者以『张良遇圯上老人』这一事件展开评论，对传统的神秘观点进行了批判，同时还列举了郑伯、勾践能忍辱负重之史实，将汉高祖刘邦和项羽的忍与不忍相对比，以说明『小不忍则乱大谋』。从而确立『忍小忿而就大谋』这一论点。

文章主要讲忍与不忍对事情的结果。自古至今就有『忍一时风平浪静』的说法，可是一到关键时刻，人们往往控制不住激动的情绪而做出冲动的事情来。本文就是向我们展示一个道理：小事要忍才有可能成就大事。激动往往会断送自己的退路，而陷入失败无法挽回的地步。

全文以严肃的议论开始，以『闲笔』作收尾，含蓄深刻，饶有趣味。

卷十一

注释 ①国：指城邑，这里用作动词，指建城邑。②损益：损，减小；益，增加，这里是影响的意思。物理：事物的道理。③凌虚：高耸入天空中。④杖履：拄着手杖漫步。逍遥：怡然自得的样子。累累：连贯成串的样子。髻：挽束在头顶的头发。⑤蒙翳：遮

凌虚台记

北宋·苏轼

国①于南山之下，宜若起居饮食与山接也。四方之山，莫高于终南，而都邑之丽山者，莫近于扶风。以至近求最高，其势必得。而太守之居，未尝知有山焉。虽非事之所以损益，而物理②有不当然者。此凌虚③之所为筑也。

方其未筑也，太守陈公杖履逍遥于其下，见山之出于林木之上者，累累如人之旅行于墙外而见其髻也④。曰：『是必有异。』使工凿其前为方池，以其土筑台，高出于屋之檐而止。然后，人之至于其上者，恍然不知台之高，而以为山之踊跃奋迅而出也。公曰：『是宜名凌虚。』以告其从事苏轼，而求文以为记。

轼复于公曰：『物之废兴成毁，不可得而知也。昔者荒草野田，霜露之所蒙翳⑤，狐虺⑥之所窜伏。方是时，岂知有凌虚台耶？废兴成毁，相寻⑦于无穷，则台之复为荒草野田，皆不可知也。尝试与公登台而望，其东则秦穆之祈年、橐泉也，其南则汉武之长杨、五柞，而其北则隋之仁寿、唐之九成也。计其一时之盛，宏杰诡丽，坚固而不可动者，岂特⑧百倍于台而已哉！然而，数世之后，欲求其仿佛，而破瓦颓垣无复存者，既已化为禾黍荆棘、丘墟陇亩矣，而况于此台欤！夫台犹不足恃以长久，而况于人事之得丧⑨、忽往而忽来者欤？而或者欲以夸世而自足，则过矣。盖世有足恃者，而不在乎台之存亡也。』

既以言于公，退而为之记。

蔽。⑥虺：毒蛇。⑦相寻：互相循环，周而复始。⑧特：仅仅，只。⑨得丧：获得和丧失。

譯文 终南山下修建城邑，城中的人的起居、喝茶、吃饭好像都会和山有接触。围着州城的四周的山峰，没有哪座比终南山更高，而靠近终南山的城邑，比扶风更近的就没有了。从离山最近的城邑去探求最高的山，按地势来说，一定可以做到。可是太守居住的地方，从来就不知道山在哪里。虽然这对政事没有什么影响，但是在事理逻辑来说就应不是这样。这就是修建凌虚台的原因啊。

当这个台还没修建的时候，扶风太守陈先生就拄着手杖，悠然地出去漫步。瞧见树林的上边露出山形的影子重叠着、串联着，在一起好像是成群结队行走的人走在墙外而露出他们的发髻一样，就说：『这里必定有奇妙的景致！』于是叫人挖那地方的南面，开凿出一口池塘，用挖出的土石修筑成一座高台。比屋檐还高时才停止。这样一来，步行到台子上面的人，恍恍惚惚不知道台子有多高。却以为是山突然长出来，踊跃奔腾。陈老先生说：『这应该叫「凌虚」。』他把他的主意告诉部下苏轼，请求他写一篇文章来记下这件事。

我答复陈老先生说：『一座建筑物的破败或兴盛，存在和毁坏是无法预料的。先前，这里是一片荒地野草，是霜露遮蔽、狐狸毒蛇出没的地方，在这时，难道会知道将会有凌虚台吗？破败和兴盛，保存和毁坏，它们无穷无尽地相互转化循环，那么，有朝一日，凌虚台重新成为野草荒地，也是无法预料的。我曾经与您登上台子极目眺望，台子的东方是秦穆公时建成的祈年宫和橐泉宫，台子的南面是汉武帝时修筑成的长杨宫和五柞宫，它的北面是隋炀帝时的仁寿宫、唐太宗时修复仁寿宫而成的九成宫啊。想见那一时的盛大气派、宏伟奇特和壮丽，坚固不可动摇的程度，比起这凌虚台来，难道只是超过一百倍吗？可是几代过去后，想要再找到它们旧的大致形貌，却连破瓦断砖、倒塌的墙都不再存在了。即使是这样的宏伟建筑都已经变成长满禾、黍的田野，荆棘丛生的废墟，更何况是这座凌虚台呢！这凌虚台尚且还不能依靠它的坚固而长久地存在下去，更何况是人事的得失，忽去忽来，这样的飘忽不定呢！可是有人竟然想用这些亭台楼阁向世人夸耀，同时满足自己，那就错了。其实世界上有足够用来依靠的，并不在乎一座台的存在或

毁灭。』我把自己的想法对陈先生说了，回来后就写下这篇文章。

赏析 此文虽然为『记』，重点是『论』。这篇文章是苏轼应扶风太守陈希亮的要求而作。文章以流畅的笔调叙述凌虚台建造和命名这件事。抒发了作者的『废兴成毁』的感慨，由此推出世事不可预料。同时指出不能消极地『夸世自足』而要不懈地探求，这样才能实现自己的目标。最后作者以乐观旷达的笔调写道：『盖世有足恃者，而不在乎台之存亡也。』

全文感情充沛，沉郁苍凉，最耐人寻味的是作者没有点明『世有足恃』是什么，使文章更显深沉、含蓄。

注释 ①哺：吃。啜：喝饮。醨：薄酒。②择：挑选；交：交错。③游：游心。④横生：不断出现，到处发生。⑤释：离去，原意为解除。服：适应。雕墙：用彩画装饰墙壁。采椽：简陋的房屋。⑥比：屡屡，连续。斋厨：指官署的厨房。⑦葺：修理。⑧

超然台记

北宋·苏轼

凡物皆有可观。苟有可观，皆有可乐，非必怪奇伟丽者也。哺糟啜醨①，皆可以醉；果蔬草木，皆可以饱。推此类也，吾安往而不乐！

夫所为求福而辞祸者，以福可喜而祸可悲也。人之所欲无穷，而物之可以足吾欲者有尽。美恶之辨战于中，而去取之择②交乎前，则可乐者常少，而可悲者常多。是谓求祸而辞福。夫求祸而辞福，岂人之情也哉？物有以盖之矣。彼游③于物之内，而不游于物之外。物非有大小也，自其内而观之，未有不高且大者也。彼挟其高大以临我，则我常眩乱反复。如隙中之观斗，又乌知胜负之所在？是以美恶横生④，而忧乐出焉，可不大哀乎！

予自钱塘移守胶西，释舟楫之安，而服车马之劳；去雕墙之美，而庇采椽之居；背湖山之观，而行桑麻之野⑤。始至之日，岁比不登，盗贼满野，狱讼充斥，而斋厨⑥索然，日食杞菊，人固疑予之不乐也。处之期年，而貌加丰，发之白者，日以反黑。予既乐其风俗之淳，而其吏民亦安予之拙也。于是治其园圃，洁其庭宇，伐安丘、高密之木，以修补破败，为苟完之计。而园之北，因城以为台者旧矣，稍葺⑦而新之。时相与登览，放意肆志焉。南望马耳、常山，出没隐见，若近若远，庶几⑧有隐君子乎？而其东则庐山，秦人卢敖之所从遁也。西望穆陵，隐然如城郭，师尚父、齐威公之遗烈，犹有存者。北俯潍水，慨然大息，思淮阴之功，而吊其不终。台高而安，深而明，夏凉而冬温。雨雪之朝，风月之夕，予未尝不在，客未尝不从。撷园蔬，取池鱼，

庶几：也许，可能。⑨撷：采摘。蔬：蔬菜。秫酒：高粱酒。瀹：煮。脱粟：糙米。

酿秫酒，瀹脱粟⑨而食之，曰：『乐哉！游乎！』

方是时，予弟子由，适在济南，闻而赋之，且名其台曰『超然』。以见予之无所往而不乐者，盖游于物之外也。

译文　万物都有值得观赏之处，只要值得观赏，就都可以使人快乐，不必是奇异瑰丽的东西。吃酒糟、喝淡酒，都能使人醉倒；瓜果、蔬菜、草木一类东西，也都可用来饱肚。照这样类推，我到什么地方会不感到快乐呢？

那些追求福禄而躲避祸患的人，认为福禄让人高兴，而祸患使人悲哀。人的欲望没有穷尽，但能满足我们欲望的事物却是有限的。如果心里总存在着美与丑的斗争，眼前总是进行着取与舍的选择，那么，使人快乐的东西往往很少，而令人悲哀的事却常常很多。这叫做寻求祸患而逃避幸福。求祸辞福，难道是人的常情吗？这是受了物欲蒙蔽的缘故。那些人整天沉迷在物质生活当中，而不能超越现实。事物本没有大小的区别，从它的内部来观察，那就没有不是又高又大的了。它凭着那种高大俯瞰着我们，使我们头昏目眩，难辨是非，恰如通过小小的缝隙看人家殴斗，又怎能知道谁胜谁负？因此，美好和邪恶交错地产生，欢喜和忧愁也就随之都出现了，这不是很可悲吗？

我从浙江钱塘调任密州知州后，失去了舟楫畅通的安逸，忍受着骑马坐车的辛劳；离开了华丽的建筑，住在这简陋的房屋；远离了湖山的胜景，奔走于充满桑麻的荒郊僻野。刚来的时候，庄稼连年歉收，盗贼遍地，案件很多；厨房里很寒酸，每天只吃一些野菜。人们猜想我的心里一定不快乐。但我在这里住了一年，面容却更加丰腴，头上的白发也一天天地重新变黑了。我已经喜欢这里的淳朴风俗，这里的官吏和百姓，也真正习惯了我的笨拙。

于是我修建了园圃，整理了房舍院落，砍伐安丘和高密山上的树木，来修补破败的地方，作为暂时求安的计划。在园子的北面，一个在城墙上修建的高台已经破旧不堪，我把它略微修补刷新了一下。时常和宾客一起登台眺望舒展情怀，从台上向南面望去，马耳山、常山在云雾中忽隐忽现，时远时近，那里大概有隐士吧。高台东面的卢山，是秦朝的卢敖隐居的地方。向西面望去，穆陵关隐约中宛如城郭一般。姜太公和齐桓公的赫赫功业，还保存在这里。向北俯瞰潍水，不禁慨然叹息，怀想淮阴侯当年的功业，伤悼他悲惨的结局。台子高大而结实，深广而明亮，冬暖夏凉。无论雨雪飘洒的早晨，还是月白风清的夜晚，我都在台上，宾客们也总是跟随着。我们采摘园中的蔬菜，捕捞池里的鲜鱼，酿了高粱美酒，煮了糙米饭，边吃边说：『在这里游玩多快乐啊！』

我的弟弟子由，正在济南做官，听到这情景便写了篇赋，并给这个台取名为『超然』。以此来表现我无论到什么地方都很快乐，大概是由于超于物外的缘故吧。

赏析 本文始终围绕『超然』发挥超然物外、随遇而安的思想。

宋神宗熙宁三年，苏轼任密州知州时修复了一座苏辙为它命名为『超然』的楼台，作者由此写了这篇文章。全文说理叙事，写景状物，烘托出洒脱、淡泊的心境，但也透露出消极避世，渴望钻到老庄哲学中寻求心灵安宁的思想。

在某种意义上这种超然物外的方法又何尝不是一种好的方法呢？它能使人心情愉悦，释放自己，而不受外界的影响。有时人有太多的欲望，可是当你的欲望不能实现的时候，自己就会陷入一种十分苦闷的地步。这时学一学苏轼，让自己置于山水之中，感受一下山水的灵性与闲适，这样心情就会豁然开朗，那又何必沉浸于功名利禄中自寻烦恼呢？追求一种旷达乐观的情怀，才是最大的收获。

潮州韩文公庙碑

北宋 · 苏轼

匹夫而为百世师，一言而为天下法，是皆有以参天地之化，关盛衰之运。其生也有自来，其逝也有所为。故申、吕自岳降，傅说为列星，古今所传，不可诬也。

孟子曰：『我善养吾浩然之气。』是气也，寓于寻常之中，而塞乎天地之间。卒然遇之，则王公失其贵，晋、楚失其富，良、平失其智，贲、育失其勇，仪、秦失其辩。是孰使之然哉？其必有不依形而立，不恃力而行，不待生而存，不随死而亡者矣。故在天为星辰，在地为河岳，幽则为鬼神，而明则复为人。此理之常，无足怪者。

自东汉以来，道丧文弊，异端并起。历唐贞观、开元之盛，辅以房、杜、姚、宋而不能救。独韩文公起布衣，谈笑而麾之，天下靡然从公，复归于正，盖三百年于此矣。文起八代之衰，而道济天下之溺①；忠犯人主之怒，而勇夺三军之帅。此岂非参天地、关盛衰、浩然而独存者乎？

盖尝论天人之辨，以谓人无所不至，惟天不容伪②。智可以欺王公，不可以欺豚鱼；力可以得天下，不可以得匹夫匹妇之心。故公之精诚，能开衡山之云，而不能回宪宗之惑③；能驯鳄鱼之暴，而不能弭皇甫镈、李逢吉之谤；能信于南海之民，庙食百世，而不能使其身一日安于朝廷之上。盖公之所能者，天也；其所不能者，人也。

始潮人未知学，公命进士赵德为之师。自是，潮之士皆笃于文行，延及齐民，至于今，号称易治。信乎孔子之言：『君子学道则爱人，小人学道则易使也④。』潮人之事公也，饮食必祭，水旱疾疫，凡有求必祷焉。而庙在刺史公堂之后，民以出入为艰。前

注释 ①而道济天下之溺：指韩愈提倡儒家正道，把天下人从佛、道的毒害中拯救出来。②伪：人为的事物，和自然的相对。③能开衡山之云：韩愈经过衡山时，正遇秋雨，他潜心默祷一番之后，天就放晴了。不能回宪宗之惑：指韩愈谏迎佛骨，唐宪宗不听一事。

④『君子学道则爱人』二句：表现了孔子提倡礼乐教化的政治目的。⑤焄蒿凄怆：祭祀时引起凄怆的感情。⑥秕糠：比喻异端邪说。⑦『衣被』一句：整句是说韩愈的道德文章辉映一代，如同日月光照大地，泽及草木一样。⑧灭没倒影不能望：形容张籍、皇甫湜像倒影一样容易灭没，不能仰望韩愈日月般的光

太守欲请诸朝作新庙，不果。元祐五年，朝散郎王君涤来守是邦。凡所以养士治民者，一以公为师。民既悦服，则出令曰：『愿新公庙者听。』民欢趋之。卜地于州城之南七里，期年而庙成。

或曰：『公去国万里而谪于潮，不能一岁而归。没而有知，其不眷恋于潮也审矣。』轼曰：『不然！公之神在天下者，如水之在地中，无所往而不在也。而潮人独信之深，思之至，焄蒿凄怆⑤，若或见之，譬如凿井得泉，而曰水专在是，岂理也哉？』

元丰元年，诏封公昌黎伯，故榜曰『昌黎伯韩文公之庙』。潮人请书其事于石，因作诗以遗之，使歌以祀公。其辞曰：公昔骑龙白云乡，手抉云汉分天章，天孙为织云锦裳。飘然乘风来帝旁，下与浊世扫秕糠⑥。西游咸池略扶桑，草木衣被昭回光⑦。追逐李、杜参翱翔，汗流籍、湜走且僵，灭没倒影不能望⑧。作书诋佛讥君王，要观南海窥衡、湘，历舜九嶷吊英、皇。祝融先驱海若藏，约束蛟鳄如驱羊。钧天无人帝悲伤，讴吟下招遣巫阳。犦牲鸡卜羞我觞，于粲荔丹与蕉黄。公不少留我涕滂，翩然被发下大荒。

译文　一个普通人能够成为百世的师表，说一句话就成为天下人的准则，这都是因为他们的品格可以与天地化育万物相等同、与国家命运的盛衰相关联。他们的降生是有来历的，他们的死亡也有所作为。所以申伯、吕侯出生是山神降世，相传傅说死后成为天上的星星。这些古今传诵的事不可不信。

孟子说：『我善于修养我的浩然正气。』这种气，寄托在平常的事物之中，而充塞于整个天地之间。突然遇到了它，则王侯公卿显不出他们的尊贵，晋、楚这样的国家也显不出他们的富强，张良、陈平会失去他们的智谋，孟贲、夏育也会丧失他们的勇敢，张仪、苏秦也使不出他们的辩才。是什么东西使得他们

辉。

这样呢？这一定有一种不凭借形体而自立，不依仗外力而自行，不依赖生命而存在，不随着死亡而消逝的东西。这种东西，在天上就化为星辰日月，在地上就成为河岳山川，在阴间化为鬼神，在人世又变成人，这些都是很平常的道理，没什么值得大惊小怪的。

自东汉以来，儒道衰颓，文风败坏，各种异端邪说相继兴起，虽然经过唐代贞观、开元的盛世，又加上房玄龄、杜如晦、姚崇、宋璟的辅佐，仍然不能挽救过来，只有韩文公从庶民百姓中崛起，谈笑着挥走异端，天下人纷纷跟随着他，使思想和文风回到正路上来。这到今天，大约有三百年了。韩文公的文章挽回了衰败八代的文风，他提倡的学说把天下人从沉沦中拯救出来。他的忠心触怒了君主，他的智勇战胜了三军主帅，这难道不是与天地相并立，与国家盛衰相关联，浩然独存的正气吗？

有人曾经论述过天道和人事的区别，认为人没有什么做不到的事，只是天道不是人力所能改变。人的智谋可以欺骗王侯公卿，却不能欺骗小小的猪和鱼；凭借武力可以夺取天下，却不能得到普通男女的忠心。所以韩文公的精诚，能够驱散笼罩衡山的云雾，却不能使唐宪宗从迷惑中清醒；能够驯服鳄鱼的凶暴，却不能制止皇甫镈、李逢吉的诽谤；能够取信于潮州的广大百姓，为他建庙，死后世代享受祭祀，却不能使自己在朝廷中得到一天安宁。这是因为韩公所能顺应的是天道，而他所不能做到的，是处理人事。

起初潮州人不知道读儒家的书，韩文公派进士赵德去做他们的老师，从这时起，潮州的学者们都很重视文章、德行，这种风气也影响到了平民百姓，直到今天，这里还被称为是容易治理的地方。确如孔子所说：『君子学了礼仪道德就有仁爱之心，平民学了礼仪道德就容易驱使。』潮州人侍奉韩文公，一饮一食都必定祭祀，每当遇到水旱灾害、疾病瘟疫等有求于神灵的事情，必定向他祷告。可是韩文公的庙宇建在刺史公堂的后面，老百姓觉得进进出出很不方便。前任太守曾想请示朝廷，另建座新庙，但没有实施。元祐五年，朝散郎王君涤来做这个州的太守。他实行的用来培养贤士、治理百姓的所有措施，无不仿效韩文公的做法。在百姓已经心悦诚服后，他发出号令说：『愿意新建韩公庙的人就听从命令。』百姓们都高兴地去参加修庙。于是，在距潮州城南七里的地方选定了庙址，一年内新庙就建成了。

有人说：『韩公被贬斥到离京万里的潮州，不到一年就回去了。如果他死后有知，显然是不会眷恋潮州的。』我说：『不对！韩公的神灵在人间，就像水在地下一样，到处都是。可是唯独潮州人对他特别信赖，无限思念。在祭奠时升腾的香雾中人们感到悲伤，仿佛见到了他。这就像挖井挖到了泉水，却说泉水只存在这里一样。哪有这种道理呢？』

元丰元年（实为元丰七年），皇帝下诏书封韩文公为昌黎伯，所以新庙的匾上写着『昌黎伯韩文公之庙』。潮州人请我把他的事迹刻写在石碑上，于是我写下诗送给他们，让他们吟唱，以此来悼念韩公。诗的词句为：

昔日里您骑龙驹遨游白云乡，长空挥手，分开银河日月天章，织女用云彩为您织就锦绣衣裳。您乘风飘游来自天帝身旁，下到人间为的是一扫浊世的鄙陋文章。您西游咸池，又东到扶桑，文章道德辉映一代，草木都蒙受光芒。您追随李白、杜甫，同他们比翼翱翔，张籍、皇甫湜惭愧流汗，退避奔走得僵倒地上，连韩公的影儿也不敢仰望。您疾书奏章，抨击佛学，讽劝君王，被贬潮州，游览衡、湘，路过九嶷舜墓，凭吊女英、娥皇。祝融为您开路，海神率众潜藏，您为民赶走鳄鱼如驱羔羊。天庭少了人才，天帝为之悲伤，派遣巫阳高歌下降招您回天堂。潮州百姓杀牛宰鸡再进酒浆，这里有荔枝鲜红，香蕉微黄。文公啊，您不稍稍逗留让我们眼泪流淌，祈望您飘然下降看看我们的一片衷肠！

赏析 这是一篇碑文。在文中，苏轼对韩愈的一生，尤其是对韩愈在思想文化上所起的重要作用，给予了极高的评价。苏轼认为韩愈的这种人格、思想、精神之所以不为人们所理解，甚至受到不公正的待遇，是由于他能替天行道，而不会媚世阿俗的缘故。

文章前两段写『庙碑』，在文学、儒学以及政治才能方面给予了韩愈高度的赞扬和热情的歌颂；中间

两段写『潮州』，主要讲述韩愈在潮州的政绩以及人们对他的怀念。最后写作这篇文章的缘由，结尾以诗的方式颂扬了韩愈的重大功绩以及作者对韩愈的怀念。

文章写得很有气势。多种手法的运用，加上错落参差的句子和音调铿锵的语言，使文章十分生动而又灵活。

注释 ①属：原是把注的意思，引申为劝酒。②扣舷：敲打着船边。立：助词。③美人：指所思念的人，不是说美貌的女子。④嫠妇：寡妇。⑤愀然：忧愁凄怆的样子。⑥酾酒：斟酒。这里是『洒酒』的意思。在江面上洒酒，表示对古代英雄豪杰的凭吊。⑦蜉蝣：这

前赤壁赋

北宋·苏轼

壬戌之秋，七月既望，苏子与客泛舟，游于赤壁之下。清风徐来，水波不兴。举酒属①客，诵明月之诗，歌窈窕之章。少焉，月出于东山之上，徘徊于斗牛之间。白露横江，水光接天。纵一苇之所如，凌万顷之茫然。浩浩乎如冯虚御风，而不知其所止；飘飘乎如遗世独立，羽化而登仙。

于是饮酒乐甚，扣舷②而歌之。歌曰：『桂棹兮兰桨，击空明兮溯流光。渺渺兮予怀，望美人③兮天一方。』客有吹洞箫者，依歌而和之，其声呜呜然，如怨如慕，如泣如诉，余音袅袅，不绝如缕。舞幽壑之潜蛟，泣孤舟之嫠妇④。

苏子愀然⑤，正襟危坐而问客曰：『何为其然也？』

客曰：『「月明星稀，乌鹊南飞」，此非曹孟德之诗乎？西望夏口，东望武昌，山川相缪，郁乎苍苍，此非孟德之困于周郎者乎？方其破荆州，下江陵，顺流而东也，舳舻千里，旌旗蔽空，酾酒⑥临江，横槊赋诗，固一世之雄也，而今安在哉！况吾与子渔樵于江渚之上，侣鱼虾而友麋鹿；驾一叶之扁舟，举匏樽以相属；寄蜉蝣⑦于天地，渺沧海之一粟；哀吾生之须臾，羡长江之无穷；挟飞仙以遨游，抱明月而长终。知不可乎骤得，托遗响于悲风⑧。』

苏子曰：『客亦知夫水与月乎？逝者如斯，而未尝往也；盈虚者如彼，而卒莫消长也。盖将自其变者而观之，则天地曾不能以一瞬；自其不变者而观之，则物与我皆无尽也。而又何羡乎？且夫天地之间，物各有主。苟非吾之所有，虽一毫而莫取。惟江上之

清风，与山间之明月，耳得之而为声，目遇之而成色，取之无禁，用之不竭。是造物者之无尽藏也，而吾与子之所共适⑨。』

客喜而笑，洗盏更酌。肴核既尽，杯盘狼藉。相与枕藉⑩乎舟中，不知东方之既白。

译文 壬戌年的秋天，七月十六日，我与客人乘船游于赤壁之下。清风缓缓地吹拂，江面水波平静。举起酒杯，邀客人同饮，朗诵《月出》诗，吟唱『窈窕』一章。一会儿，月亮从东山上升起，徘徊在北斗和牵牛星之间。白茫茫的雾气笼罩着江面，水光与夜空连成一片。我们听凭这一叶小舟在茫茫万顷的江面上自由飘动。浩浩荡荡地就像凌空御风，不知道将要停留何处；轻快飘逸，就像离开了尘世，无拘无束，飞升羽化，登上仙境。

这时，大家喝着酒，高兴极了，敲着船舷唱起歌来。歌词是：『桂木的棹啊兰木的桨，拍打着清澈的江水啊，迎着流动的波光，我悠远广阔的情怀啊，仰望着思念的人儿，她在天的那一方。』客人中有一个会吹洞箫的，随着歌声吹箫应和。箫声呜呜，像怨恨又似思慕，如哭泣又如倾诉，余音缭绕，若断若续，宛如绵绵的细丝，使潜伏在深渊中的蛟龙起舞，孤舟上的寡妇啜泣。

我不禁感伤起来，整整衣襟，端正地坐着，问客人道：『箫声为什么这样的凄凉？』

客人说：『「月明星稀，乌鹊南飞」，这不是曹孟德的诗句吗？向西望是夏口，向东望是武昌，山川缭绕，一片苍翠，这不是曹孟德被周瑜击败的地方吗？当他占领荆州，攻下江陵，顺长江东下的时候，战船前后相连，绵延千里，旌旗遮蔽了天空，临江斟酒，横握着长矛吟诗，本是一代英雄！可是现在却在哪里呢？何况你我在江中和沙洲上捕鱼打柴，以鱼虾为伴，以麋鹿为友；驾一叶孤舟，举起匏樽互相劝酒；寄托这像蜉蝣一样短促的生命于天地之间，渺小得像大海中的一颗谷粒；慨叹我们生命的短促，羡慕长江流水的无穷；希望借同仙人遨游，与明月一同永存。我知道这不可能忽然得到，便只能寄箫声于悲凉的秋

里用来比喻人生短促。⑧遗响：箫的余音。悲风：秋天凄厉的风。⑨共适：共同享受。适：享受的意思。⑩枕藉：互相枕着靠着睡觉。

风。」

我说：『您也知道那江水和月亮吗？江水永远不停地流逝，但其实并没有流走，月亮总是那样缺了又圆，但始终没有增减。如果从它们变化的一面来看，那么天地万物连一眨眼的瞬间都有变化；如果从不变的一面来看，则万物和我们都将永恒，又有什么值得羡慕的呢？再说，天地之间，万物都有各自的主人，假如不是我所拥有的东西，即使是一丝一毫也不要取用。只有这江上的清风，山间的明月，耳朵听到了，就成为声音，眼睛看到了，就成为颜色。享有它们，无人禁止；使用它们，没有穷尽。这是大自然无穷无尽的宝藏，我和您可以共同享受它们。』

客人听了之后，高兴地笑了。洗净酒杯重新酌酒。菜肴果品已经吃光，席面上杯盘散乱。大家互相枕着靠着睡在船中，不知不觉东方已经发白。

赏析 本文是苏轼被贬黄州，和友人同游黄冈赤壁时所写。因他后来又写有一篇《赤壁赋》，因此把这篇称为《前赤壁赋》。本文从月夜泛舟写起，通过对历史人物的凭吊，表现出作者自己对现实生活的厌倦，对人生无常的怅惘，同时也表现了作者旷达乐观的人生态度。

文章语言优美清新，写景、抒情、议论三者结合得极其自然巧妙，不露斧凿之痕。

注释 ①顾：表示转折，但，但是的意思。安所：何处。②子：古代对男子第二人称的尊称。不时：预料不到的时候。③曾日月之几何：就两次游赤壁所见的景象对比而言，前为秋景，此为冬景。④鹘：隼，一种凶鸟。冯夷：古代传说中的水神名。⑤划

后赤壁赋

北宋·苏轼

是岁十月之望，步自雪堂，将归于临皋。二客从予，过黄泥之坂。霜露既降，木叶尽脱，人影在地，仰见明月，顾而乐之，行歌相答。已而叹曰：『有客无酒，有酒无肴，月白风清，如此良夜何？』客曰：『今者薄暮，举网得鱼，巨口细鳞，状如松江之鲈。顾安所①得酒乎？』归而谋诸妇，妇曰：『我有斗酒，藏之久矣，以待子不时②之需。』

于是携酒与鱼，复游于赤壁之下。江流有声，断岸千尺；山高月小，水落石出。曾日月之几何③，而江山不可复识矣！予乃摄衣而上，履巉岩，披蒙茸，踞虎豹，登虬龙，攀栖鹘之危巢，俯冯夷④之幽宫。盖二客不能从焉。划然长啸⑤，草木震动，山鸣谷应，风起水涌⑥。予亦悄然而悲，肃然而恐，凛乎其不可留也！反而登舟，放乎中流，听其所止而休焉。时夜将半，四顾寂寥。适有孤鹤，横江东来，翅如车轮，玄裳缟衣⑦，戛然长鸣，掠予舟而西也。

须臾客去，予亦就睡。梦一道士，羽衣蹁跹⑧，过临皋之下，揖予而言曰：『赤壁之游乐乎？』问其姓名，俯而不答。『呜呼噫嘻！我知之矣，畴昔⑨之夜，飞鸣而过我者，非子也耶？』道士顾笑，予亦惊寤。开户视之，不见其处。

译文 这一年的十月十五，我从雪堂步行出发，准备回临皋馆。两位客人跟着我，一起走过黄泥坂。这时已经降过霜露，树叶已落光了。人影映在地上，抬起头，只见明月当空。我们看着四周清幽的景色，很是

然：指长啸声。啸：撮口发出长而清的声音，借以抒发郁郁不乐的情怀。⑥风起水涌：原是自然现象。作者故意附会为长啸的结果，借以衬托自己的心情。⑦玄裳缟衣：黑裙白衣。⑧羽衣：道士穿的衣服。蹁跹：比喻道士体态轻盈。⑨畴昔：往日，这里指昨日。

快乐，于是一边走一边吟唱，互相酬答应和。

过了一会儿，我叹息说：『有客没有酒，有酒没有菜，月明风清，怎样度过这美好的夜晚呢？』客人说：『今天傍晚，撒网捕到一条鱼，大嘴巴，细鳞片，样子像是松江鲈。但是从哪里能弄到酒呢？』回去后跟妻子商量，妻子说：『我有一斗酒，贮存好久了，预备供您在料想不到的时候饮用。』

于是带着酒和鱼，再到赤壁下游览。江里的流水发出声响，两岸的峭壁高达千尺。山峰高耸，月亮显得很小，江水下落，石头显露出来。才过了多少时光，江山就变得不能认识了！我于是提起衣襟上岸，登着险峻的山崖，拨开丛生的杂草，蹲在宛如虎豹的石头上，爬上状如虬龙的古树，攀援高处飞隼筑巢的悬崖，俯视水神冯夷幽深的水宫。两位客人都不能跟我到极高处。高声长啸，划破夜空，草木震动起来，山谷回响，风起浪涌。我也感到忧愁悲凉，心中恐惧，害怕得不敢再留在那里了。回到船上，任小船飘荡到江心，停在哪里就在哪里休息。这时快到半夜了。环视四周，寂寞空荡。恰好有只孤鹤，横过长江从东面飞来，翅膀有如车轮，黑裙白衣，戛然一声长鸣，掠过我的小船，向西飞去。

一会儿弃舟登岸，客人辞去，我也睡觉。梦见一个道士，穿着羽衣，轻盈飘逸，从临皋馆下经过。他向我拱手行礼，说：『这次游赤壁游得快乐吗？』问他的姓名，他低头不答。『啊！我知道了！昨天晚上，一声长鸣从我船上飞过去的，不正是您么？』道士回头对我笑了笑。我也惊醒了。开门一看，哪有他的影子。

赏析 本文是苏轼第二次游赤壁时所写，距初游赤壁，时间虽只三个月，但景色不同，心情各异。就自然山水方面，前赋字字在写秋色，后赋却写冬景，在个人情感上，上次登山月高风清，作者自然安乐；这次登山情景恐怖，转而陷入悲伤。这是两篇赋的不同之处。

在这篇文章中，作者描绘了冬夜的江岸，渲染出山间恐怖凄凉的气氛；又写了他独自登高而引起的悲

戚心情，心情由乐而悲。结尾处用白鹤道士虚幻的梦境，表现出作者幻想脱离尘世，却不能逃避现实的矛盾心情。同时也给全文笼上一层飘缈迷幻的气氛。

注释 ①六国：指齐、楚、燕、韩、赵、魏。世家：西汉司马迁所修《史记》体例的一种，主要用于记载诸侯的历史。六国各有世家。②塞：阻挡。冲：交通要道。③委：放弃，下文中的『委』是对付的意思。区区：形容很小，整句意思是：诸侯放弃韩魏，让其单独

六国论

北宋·苏辙

尝读六国世家①，窃怪天下之诸侯以五倍之地、十倍之众，发愤西向，以攻山西千里之秦，而不免于灭亡，常为之深思远虑，以为必有可以自安之计。盖未尝不咎其当时之士虑患之疏而见利之浅，且不知天下之势也。

夫秦之所与诸侯争天下者，不在齐、楚、燕、赵也，而在韩、魏之郊；诸侯之所与秦争天下者，不在齐、楚、燕、赵也，而在韩、魏之野。秦之有韩、魏，譬如人之有腹心之疾也。韩、魏塞秦之冲②而蔽山东之诸侯，故夫天下之所重者，莫如韩、魏也。

昔者范雎用于秦而收韩，商鞅用于秦而收魏，昭王未得韩、魏之心而出兵以攻齐之刚、寿，而范雎以为忧，然则秦之所忌者可以见矣。秦之用兵于燕、赵，秦之危事也。越韩过魏而攻人之国都，燕、赵拒之于前，而韩、魏乘之于后，此危道也。而秦之攻燕、赵，未尝有韩、魏之忧，则韩、魏之附秦故也。夫韩、魏，诸侯之障，而使秦人得出入于其间，此岂知天下之势耶？委区区之韩、魏，以当强虎狼之秦③，彼安得不折④而入于秦哉？韩、魏折而入于秦，然后秦人得通其兵于东诸侯，而使天下遍受其祸。

夫韩、魏不能独当秦，而天下之诸侯藉之以蔽其西，故莫如厚韩亲魏以摈秦。秦人不敢逾韩、魏以窥齐、楚、燕、赵之国，而齐、楚、燕、赵之国因得以自完于其间矣。以四无事之国，佐当寇之韩、魏，使韩、魏无东顾之忧，而为天下出身以当秦兵。以二国委秦⑤，而四国休息于内，以阴助⑥其急，若此可以应夫无穷。彼秦者将何为哉？不知出此，而乃贪疆埸⑦尺寸之利，背盟败约，以自相屠灭，秦兵未出，而天下诸侯已自困

抗秦。④折：挫折、屈服。⑤以二国委秦：即把抵抗秦国的事托付给韩、魏。⑥阴助：暗暗地帮助。⑦疆场：国界的意思。

矣。至于秦人得伺其隙以取其国，可不悲哉！

译文 我曾经阅读《史记》中的六国世家，私下感到奇怪的是，天下的诸侯，凭着五倍于秦的土地、十倍于秦的兵力，奋力向西攻打崤山以西地方千里的秦国，最后却不能免于被秦灭亡。我常常对这个问题深思远虑，认为一定会有使他们保全的计谋；因此，未尝不责怪当时的谋士，对祸患考虑得太疏忽，对利害的见识太浅薄，并且不能察明天下的形势。

秦国同诸侯们争夺天下的重要地区，不在齐、楚、燕、赵，而在韩、魏境内；各诸侯国同秦国争夺天下的重要地区，同样不在齐、楚、燕、赵，而在韩、魏郊外。韩魏的存在，对秦国来说，就好像人有心腹之患。韩、魏两国阻塞着秦国的交通要道，掩蔽着崤山以东的各诸侯国，所以对天下各国来说，最重要的地方，没有能超过韩、魏两国的了。从前范雎在秦国被重用，就设法拉拢韩国；商鞅在秦国被重用，就设法拉拢魏国。秦昭王没有得到韩、魏的归服，就出兵进攻齐国的刚、寿地区，范雎为此而担忧。这就可见秦国最顾忌的是什么了。秦国对燕、赵用兵，这对秦国来说，是危险的事情。因为越过韩、魏，去进攻别国的国都，前有燕、赵的抵抗，而韩、魏又会从后面乘机进攻，这是一条危险的道路。可是秦国攻打燕、赵两国，却不曾担心韩、魏从后面袭击，这是由于韩国和魏国依附了秦国的缘故。韩国和魏国是各诸侯国的屏障，却让秦人在两国通行无阻，这难道是了解天下的形势吗？放弃小小的韩、魏两国，让它们去抵挡如虎狼一般强大的秦国，它们又怎能不屈服而归附于秦国呢？韩、魏屈服而归附秦国，这以后秦国的军队便可以经过韩、魏对东方各诸侯国用兵，从而使整个天下都受到它的祸害。

韩国和魏国不能独自抵挡秦国，而天下的诸侯却依靠它来抵挡西面的秦国，所以不如加强与韩、魏的亲密关系，来抗拒秦国。秦国不敢跨越韩、魏来窥探齐、楚、燕、赵之国，那么，齐、楚、燕、赵之国也就能凭借这种局势保全了自己。以四个没有战争的国家，帮助面对敌寇的韩、魏，使韩、魏没有东顾之忧，从而替天下诸侯挺身而出，抵抗秦国。让韩、魏两国对付秦国，而四国在后方休养生息，并且暗暗地帮助两国解除患难，像这样，就可以应付一切变化的局面，那秦国又能怎么样呢？

六国诸侯不出于这样的考虑，却贪图边境上的尺寸小利，背弃盟誓，毁坏信约，自相残杀，相互吞灭。秦国尚未出兵，而天下的诸侯已经疲惫不堪了，致使秦国等到可乘之机，攻取他们的国家，难道不令人悲叹吗？

赏析 同一题目，苏洵、苏辙各作了一篇，两篇可对照来读。在这篇文章中，苏辙分析了六国先后被歼灭的历史，指出六国诸侯眼光短浅，胸无韬略，不能联合一致，共同对敌，以致先后灭亡。本文是在宋王朝面临北方边境和西夏威胁的形势下写的，要求积极抗敌，具有一定的针对性和现实意义。

文章紧紧围绕『不知天下之势』的论点，分别从韩、魏和其他四国两方面论述，进行正反论证，极具说服力。此文文风畅快、爽利。金圣叹曾评价说：『看得透，写得快。笔如骏马下坂，云腾风卷而下……』

黄州快哉亭记

北宋·苏辙

江出西陵，始得平地，其流奔放肆大①，南合湘、沅，北合汉、沔，其势益张。至于赤壁之下，波流浸灌②，与海相若。清河张君梦得，谪居齐安，即其庐之西南为亭，以览观江流之胜。而余兄子瞻名之曰『快哉』。

盖亭之所见，南北百里，东西一舍。涛澜汹涌，风云开阖③。昼则舟楫出没于其前，夜则鱼龙悲啸于其下。变化倏忽，动心骇目，不可久视④。今乃得玩之几席之上，举目而足。西望武昌诸山，冈陵起伏，草木行列，烟消日出，渔夫、樵父之舍，皆可指数⑤。此其所以为『快哉』者也。至于长洲之滨，故城之墟，曹孟德、孙仲谋之所睥睨，周瑜、陆逊之所驰骛，其流风遗迹，亦足以称快世俗。

昔楚襄王从宋玉、景差于兰台之宫。有风飒然至者，王披襟当之，曰：『快哉，此风！寡人所与庶人共者耶？』宋玉曰：『此独大王之雄风耳，庶人安得共之？』玉之言，盖有讽焉。夫风无雄雌之异，而人有遇不遇之变。楚王之所以为乐，与庶人之所以为忧，此则人之变也，而风何与焉？士生于世，使其中不自得，将何往而非病⑥？使其中坦然，不以物伤性，将何适而非快？今张君不以谪为患，收会稽之余⑦，而自放山水之间，此其中宜有以过人者。将蓬户瓮牖⑧，无所不快，而况乎濯长江之清流，揖西山之白云，穷耳目之胜以自适也哉？不然，连山绝壑，长林古木，振之以清风，照之以明月，此皆骚人思士之所以悲伤憔悴而不能胜者，乌⑨睹其为快也哉！

注释 ①奔放：水势迅急。肆：展开。肆大：水道浩大。②浸灌：浸透灌注。形容水势又大又猛。③风云开阖：阖同『合』，消失。形容云时而散开，时而聚合，变幻不定。④不可久视：形容江流汹涌，让人不敢久看。这里是就没有亭子时的情况说的。

⑤指数：指点着数清。⑥病：这里指忧愁。⑦收：这里是结束的意思。会稽：即『会计』，指管理钱财、赋税等事务，这里泛指公务。⑧蓬户瓮牖：用蓬草编成的门，用破瓮做的窗户，指贫苦人的住所。⑨乌：何，哪里。

译文 长江流出西陵峡，开始进入平地，水势奔腾浩荡。南面汇合入湘水、沅水，北面汇合汉水、沔水，水势显得更加壮阔。流到赤壁之下，江水滔滔，就像是无际的海洋。清河县的张君梦得，贬官后住在黄州，他在靠近房舍的西南方修建了一座亭子，来观赏江流的胜景。我哥哥子瞻给它取了一个名字叫『快哉』。

在亭子里能看到的，从南到北可以上百里，从东到西三十里左右。波浪汹涌，风云变幻；白天，船只在亭前出没；夜晚，鱼龙在亭下悲鸣。景色瞬息万变，使人触目惊心，不敢长久地观看。现在却可以在亭子里的茶几旁座位之上，尽情玩赏。向西眺望武昌的群山，只见峰峦起伏，草木排列成行，烟云消散，阳光普照，渔翁和樵夫的房舍都历历可数。这就是取名为『快哉』的缘故。至于那沙洲的岸边，旧城的废墟，曾为曹孟德、孙仲谋所窥视，是周瑜、陆逊大显威风的地方。那些遗留下来的传说和英雄事迹，也足以使一般的人称快了！

从前楚襄王和宋玉、景差在兰台宫游玩。一阵风吹来，飒飒作响，楚王敞开衣襟迎着风，说：『这风多么使人快乐啊！这是我和百姓共有的吧？』宋玉说：『这只是大王享受的雄风，百姓怎么能共同享受它呢？』宋玉的话大概是有所讽刺吧。风并没有雄雌之别，而人则有受与不受赏识的不同。楚王之所以感到快乐，而百姓之所以感到忧愁，正是由于人的境遇不同，跟风有什么关系呢？

士人活在世上，如果心中不得志，那么，到什么地方没有忧愁呢？如果他胸怀坦荡，不因外物而妨害自己的性情，那么，到什么地方没有快乐呢？现在，张君不把被贬谪当作忧患，办完公务之后，便任情漫游山水之间。这大概是他心中有超过别人的地方。即使是用蓬草编门，用破瓮做窗，也没什么不快乐的。更何况洗涤着清澈的长江水，面对着西山的白云，赏尽耳闻目见的胜景来使自己舒畅呢？如果不是如此，那么，连绵不断的峦峰，幽深陡峭的沟壑，辽阔的森林，参天的古木，清风拂摇，明月高照，这些都是引起文人士子感到悲伤痛苦以至难以忍受的东西，哪里看得出它们能使人快乐呢！

赏析 本文是作者谪居筠州（今江西高安）时所作。文章描述了快哉亭上那足以使人快意的景物，说明了快乐与不快乐决定于心胸是否旷达；只有像亭主人一样胸怀坦荡，才能从壮丽的自然中得到生活的乐趣。可见作者与现实抗争之意。本文的中心是议论，但由写景带出，显得流畅自如。

文章最后一段分析『快哉』与否取决于人的心境。确实，有些人整天处于郁闷的状态中；他们就缺少苏辙这种心态，就算是被贬谪，也依然自得其乐，这才是热爱生活的积极态度。如果遇到一点挫折就一蹶不振，那么将如何面对以后的生活呢？

【古文观止】

卷十二

司马季主论卜

明 · 刘基

东陵侯既废，过司马季主而卜焉。

季主曰：『君侯何卜也？』东陵侯曰：『久卧者思起，久蛰者思启，久懑者思嚏①。吾闻之：「蓄极则泄，閟②极则达，热极则风，壅极则通。一冬一春，靡③屈不伸；一起一伏，无往不复。」仆窃有疑，愿受教焉！』

季主曰：『若是，则君侯已喻之矣！又何卜为？』东陵侯曰：『仆未究④其奥也，愿先生卒教之。』

季主乃言曰：『呜呼！天道⑤何亲？惟德之亲。鬼神何灵？因人而灵。夫蓍，枯草也；龟，枯骨也，物也。人，灵于物者也，何不自听而听于物乎？且君侯何不思昔者也？有昔者必有今日。是故碎瓦颓垣，昔日之歌楼舞馆也；荒榛断梗，昔日之琼蕤玉树也；露蛬风蝉，昔日之凤笙龙笛也；鬼磷萤火，昔日之金釭华烛也；秋荼春荠，昔日之象白驼峰也；丹枫白荻，昔日之蜀锦齐纨也。昔日之所无，今日有之不为过；昔日之所有，今日无之不为不足。是故一昼一夜，华开者谢；一春一秋，物故者新。激湍之下，必有深潭；高丘之下，必有浚谷⑥。君侯亦知之矣，何以卜为？』

注釋 ①蛰：虫类冬眠，比喻潜伏。启：开，出来。懑：闷。嚏：打喷嚏。②閟：关闭。③靡：无，没有。④究：彻底知道。⑤天道：上天的意志。⑥浚谷：深谷。

譯文 东陵侯已经被废黜为平民，去拜访司马季主请他为自己占卜。

季主说。『您想卜什么呢？』东陵侯说：『躺久了的人想要站起来，潜藏久了的人便想出来，长久烦闷的人便想打喷嚏。我听说：「积蓄得太满就会发泄，闷得太久了就要通达，热得太厉害了就会刮风，阻塞得太死就会畅通。历冬经春，没有总是屈而不伸的；一起一伏，没有一去不返的。」我私下里有些疑惑，希望能得到您的指教。」

季主说：『这样说来，您已经明白事理了，还要占卜什么呢？』东陵侯说：『我不能透彻地明白其中的奥妙，希望先生能彻底开导我一下。』

季主于是说：『唉！天道亲近谁呢？它只亲近有德之人；鬼神有什么灵验呢？它是靠人才灵验的。蓍茎只是枯草，龟壳只是枯骨，都是没有知觉的东西。人比任何东西都有灵气，为什么不听从自己却相信无知之物呢？再说您为什么不想一想过去呢！有过去也就一定有今天。因此破碎的瓦片、倒塌的土墙，原是过去的歌楼舞馆呢；枯树断枝，原是过去的华美园林呢；露虫秋蝉的鸣叫，原是过去的悦耳音乐呢；磷火流萤，原是过去的辉煌灯烛呢；秋荼野荠，原是过去的美味佳肴呢；红枫白荻，原是过去的绫罗绸缎呢。从前没有的，现在有了，不算过分；从前有的，现在没有了，也不算不足。因此，过了一天一夜，盛开的花朵会凋谢；历经一春一秋，陈旧的东西会变新。急流下面一定有深潭，高山下面一定有深谷。您也明白这些道理，为什么还要占卜呢？』

赏析 本文是一篇寓言，文章采取对话形式，借东陵侯被废黜后想重新得到起用而问卜一事，表达了事物必然变化和物极必反的朴素辩证法思想。文章通过东陵侯提出的九个问题，来证明事物衰落的太久就会兴盛，说明他相信自己将会再次被起用的事实。但是司马季主的回答是以六种事物的昔日显赫而转变为今日的衰败，说明事物由盛必然转向衰亡的道理，并且对天道、鬼神及占卜提出了疑问和否定。同时也暗示东陵侯起用之事，是不得而知的。

什么事物的存在都不是绝对不变的，它是遵循一定的规律而改变的。物极必反是自然界的一个必然规律，但是也不可排除带有一定宿命论的观点。

文章句式整散间错，音韵和谐。大量运用排比和对比，加强了论证力量。

卖柑者言

明·刘基

杭有卖果者，善藏柑，涉寒暑不溃①，出之烨然②，玉质而金色，剖其中，干若败絮。予怪而问之曰：『若所市于人者③，将以实笾豆，奉祭祀，供宾客乎？将衒外以惑愚瞽④乎？甚矣哉为欺也！』

卖者笑曰：『吾业是有年矣。吾业赖是以食吾躯。吾售之，人取之，未闻有言，而独不足子所乎？世之为欺者不寡矣，而独我也乎？吾子未之思也。今夫佩虎符、坐皋比者，洸洸乎干城之具也⑤，果能授孙、吴之略耶？峨大冠、拖长绅者，昂昂乎庙堂之器也，果能建伊、皋之业耶？盗起而不知御，民困而不知救，吏奸而不知禁，法斁而不知理，坐縻廪粟而不知耻⑥。观其坐高堂，骑大马，醉醇醴，而饫肥鲜者，孰不巍巍乎可畏、赫赫乎可象也⑦？又何往而不金玉其外、败絮其中也哉！今子是之不察，而以察吾柑！』

予默然无以应。退而思其言，类东方生滑稽之流。岂其忿世疾邪者耶，而托于柑以讽耶？

译文 杭州有个卖水果的人，善于贮藏柑子，经过严寒酷暑柑子也不腐烂，拿出来仍然色彩鲜艳，玉石般的质地，黄金般的颜色。但是剖开当中一看，干枯得像破旧的棉絮。我很奇怪，就责问他：『你要卖给别人的这些水果，是准备用来装在盘子里面，供奉祭祀或招待客人用的呢？还是炫耀它的外表，用来迷惑那些傻瓜或盲人的呢？你这种欺骗行为，太过分了！』

注释 ①涉：经历。溃：腐坏。②烨然：光彩鲜明的样子。③若：你。市：卖。④笾豆：宴会和祭祀时盛食品或供品的器具。竹制的叫笾，木制的叫豆。衒：炫耀。瞽：瞎子。⑤皋比：虎皮。这里指虎皮椅子。洸洸：威武的样子。干城：指保卫国家。

干：盾牌。⑥斁：败坏。縻：通『縻』，耗费。廪粟：国库的粮食，这里指俸禄。⑦饫：饱食。象：效法。

那个卖水果的人却笑着说：『我从事这个买卖已经有多年了，我依赖它养活自己。我卖人买，从来没听到过什么怨言，却偏偏只有您不满意而忿忿不平呢？世上行骗的人不少，难道就我一个吗？您就不好好想一想啊。如今那些佩带着虎符、坐虎皮交椅的人，威风凛凛，好像是个保卫国家的将材，他们果真能拿出孙武、吴起那样的策略来吗？那些戴着高大的帽子，拖着长长的衣带的人，神气十足，好像是朝廷的栋梁之才，他们果真能建立伊尹、皋陶那样的功业吗？强盗蜂起却不知道抵御，人民困苦却不知道解救，属下为非作歹却不知道禁止，法纪败坏却不知道整顿，白白地耗费国家的俸禄却不知道羞耻。看那些坐在高堂上，骑着大马，美酒喝得醉醺醺，山珍海味填满肚皮的人，哪一个不是看起来高不可攀、令人敬畏、显赫威武、值得效法呢？然而他们又何尝不是外表像金玉，而腹中像破棉败絮呢！今您不去考察这些，却来挑剔我的柑子！』

我沉默了，无话可答。回来再仔细品味他的话，觉得他有些像东方朔那样诙谐而能言善辩的人物，莫非他是个愤恨世道、仇视邪恶的人，却借柑子来进行讽刺吗？

赏析 这是一篇著名的寓言。作者对当时的社会现实有着清醒的认识，他借卖柑者之口，道出了那些『佩虎符、坐皋比者』、『峨大冠、拖长绅者』虽然身居重要位置，却是一些愚蠢之才；同时提出了『金玉其外，败絮其中』的名言，尖锐地讽刺了元末那些昏庸无能、尸位素餐，但表面上又威武堂皇的文臣武将，表达了作者对黑暗现实的清醒认识和无比憎恶。

『金玉其外，败絮其中』已成为尽人皆知的名言警句，它教育我们对待人或事物都不要被其外表所迷惑，要深入分析，认清其本来面目。

注释 ①浮图：梵语的音译，即佛，这里指和尚。②苏子美：名舜钦，字子美，北宋诗人，与梅尧臣齐名。③奢僭：奢侈潜越。僭：超越本分，指冒用上一级的名义与器物。④苑囿：畜养禽兽并种植林木的园林。⑤澌然：冰块溶解的样子。⑥吾徒：吾辈，指读书

沧浪亭记

明·归有光

浮图①文瑛，居大云庵，环水，即苏子美②沧浪亭之地也。亟求余作《沧浪亭记》，曰：『昔子美之记，记亭之胜也。请子记吾所以为亭者。』

余曰：『昔吴越有国时，广陵王镇吴中，治园于子城之西南。其外戚孙承佑，亦治园于其偏。迨淮南纳土，此园不废。苏子美始建沧浪亭，最后禅者居之。此沧浪亭为大云庵也。有庵以来二百年，文瑛寻古遗事，复子美之构于荒残灭没之余，此大云庵为沧浪亭也。夫古今之变，朝市改易。尝登姑苏之台，望五湖之渺茫，群山之苍翠，太伯、虞仲之所建，阖闾、夫差之所争，子胥、种、蠡之所经营，今皆无有矣！庵与亭何为者哉？虽然，钱镠因乱攘窃，保有吴越，国富兵强，垂及四世，诸子姻戚，乘时奢僭③，宫馆苑囿④，极一时之盛；而子美之亭，乃为释子所钦重如此。可以见士之欲垂名于千载，不与澌然⑤而俱尽者，则有在矣！』

文瑛读书喜诗，与吾徒⑥游，呼之为沧浪僧云。

译文 文瑛和尚居住在大云庵，四周环水，是从前苏子美建造沧浪亭的地方。文瑛多次请我写一篇《沧浪亭记》，说：『从前苏子美写的《沧浪亭记》，写的只是沧浪亭的优美风景，请您记下我重新修建这个亭子的原因。』

我说：『从前吴越国存在时，广陵王镇守苏州，他在内城的西南面建造园林；吴越王的外戚孙承佑也在它的旁边建造园林。到了把淮南之地拱手送给宋朝时，这座园子也没有荒废。苏子美开始建筑沧浪

人。

亭，最后僧人居住在这里，这沧浪亭就变成了大云庵。从有大云庵到如今已有二百年了，文瑛寻访古代的遗迹，在荒芜残破的废墟上，重新修复苏子美沧浪亭的建筑，这大云庵又变成了沧浪亭。时代变迁了，朝廷都市也发生了变化。我曾经登上姑苏台，眺望着烟波浩渺的五湖、苍翠的群山；太伯、虞仲所建立的，阖闾、夫差所争夺的，子胥、文种、范蠡所筹划的，现在都没有了，大云庵和沧浪亭又算什么呢？虽然这样，钱镠趁着天下大乱窃取了王位，占有吴越，国富兵强，延续了四代，他的许多子孙和姻戚，乘机兴起，奢侈无度，修造的宫馆苑囿，盛极一时。然而只有苏子美的沧浪亭才被一个佛家弟子如此重视。由此可见，士人想要千载垂名，不与形体一同消失，是另有原因的。

文瑛爱好读书并喜欢诗，同我们这些人交游，我们称他为沧浪僧。

赏析 作者用朴素简洁的语言、自然流畅的笔调，叙述了沧浪亭演变的始末，并把沧浪亭与盛极一时的吴越国的宫馆苑囿相比，宫馆苑囿，虽一时极盛，曾几何时，却被人遗忘，从而得出结论：使士人千载垂名的不是兴建的建筑物，而是士人的品德和文章。

文章短小精悍，言简意赅，由近及远，以小见大，可为古人『太上立德，其次立功，其次立言』的『三不朽』之说张目，令天下士子奋然自振，具有很强的教育意义和现实意义。

蔺相如完璧归赵论

明·王世贞

蔺相如之完璧，人皆称之，予未敢以为信也。夫秦以十五城之空名，诈赵而胁其璧，是时言取璧者，情①也，非欲以窥赵也。赵得其情则弗予，不得其情则予；得其情而畏之则予，得其情而弗畏之则弗予。此两言决耳，奈之何既畏而复挑其怒也？

且夫秦欲璧，赵弗予璧，两无所曲直②也。入璧而秦弗予城，曲在秦；秦出城而璧归，曲在赵。欲使曲在秦，则莫如弃璧；畏弃璧，则莫如弗予。

夫秦王既按图以予城，又设九宾③，斋而受璧，其势不得不予城。璧入而城弗予，相如则前请曰：『臣固知大王之弗予城也。夫璧非赵璧乎？而十五城秦宝也。今使大王以璧故，而亡其十五城，十五城之子弟，皆厚怨大王以弃我如草芥④也。大王弗予城而绐⑤赵璧，以一璧故而失信于天下，臣请就死于国，以明大王之失信。』秦王未必不返璧也。今奈何使舍人怀而逃之，而归直于秦？

是时秦意未欲与赵绝耳。令秦王怒，而僇相如于市⑥，武安君十万众压邯郸，而责璧与信，一胜而相如族⑦，再胜而璧终入秦矣！

吾故曰：蔺相如之获全于璧也，天也。若其劲渑池，柔⑧廉颇，则愈出而愈妙于用；所以能完赵者，天固曲全之哉！

注释 ①情：实情。指秦国确实只是想得到和氏璧。②曲直：理亏、理直。③设九宾：古代举行朝会大典用的极隆重的礼节。④草芥：比喻轻贱，引申以指轻微纤细的事物。⑤给：欺骗，欺诈。⑥僇：通『戮』，杀戮。市：市朝，指人众汇集的地方。⑦族：灭族。⑧

译文 蔺相如保全和氏璧，人们都称赞他，我却不敢认为事情确实如此。

秦用十五座城的空名，欺骗赵国并且威逼着要其和氏璧，这时说要得到玉璧是真实的意图，并不是

劲：强，有顽强坚决之意。柔：安抚，这里有忍让、团结之意。

想打赵国的主意。赵如果了解秦的真实意图就不给它，不了解它的真实意图就给他；了解秦的真实意图却怕它就给，了解秦的真实意图但不怕它就不给，这只要两句话就解决了，为什么既怕他又要挑起他的怒气呢？

况且秦王想要玉璧，赵王不给玉璧，双方都没有什么理亏、理直可说。玉璧送到了秦国，秦王却不给城，理亏在秦国；秦拿出了城而玉璧送回去了，理亏在赵国。要想让秦国理亏，就不如不要玉璧；怕放弃玉璧，就不如不给。秦王既然已经按地图来给城，又设置了九宾的大礼，斋戒沐浴来接受和氏璧，那形势是不会不给城的。如果秦王收了和氏璧，却不给城，相如就可以上前去请求说：『我本来就知道大王是不会给城的。和氏璧不就是赵国的一块璧么？那十五座城却是秦国的宝贝。现在如果大王因为玉璧的原因失去了这十五座城，十五座城的子弟，都会深深怨恨大王，因为大王抛弃他们就像抛弃小草一样。如果不给城而骗取赵王的玉璧，因为一块玉璧而失信于天下，那么我就请求死在秦国，从而揭露大王不守信用的事实。』这样，秦王不一定不退还玉璧。现在为什么却派随从怀揣着玉璧逃回去，而让秦国得理呢？这是当时秦国还不想和赵国断绝关系罢了。假如秦王发了怒，把蔺相如杀死在市朝上，派武安君带领十万大军逼近邯郸，叫赵王交出玉璧，责骂赵王失信，那么，秦国打一次胜仗相如就会灭族，再打一次胜仗和氏璧就会落入秦国。所以我说：『蔺相如能够保全那块玉璧，这是天意啊！』

至于他在渑池会上那样顽强坚决，对廉颇那样忍让团结，那是他的方法多，运用这些方法又越来越巧妙。他所以能保护赵国，是上天在曲意成全他啊！

赏析 蔺相如完璧归赵，历来为人们传诵。蔺相如在这一历史事件中表现的胆识、智慧、气度，令人钦佩，因而被历代的人们传扬赞颂。但是，本文作者却提出了不同看法。他认为赵国和蔺相如在和氏璧事件中有诸多不妥，蔺相如使随从带璧逃归赵国的作法更不明智，因为这『归直于秦』，使秦国占了理，所以作者分析蔺相如之所以能全身回国以及赵国幸免于兵，只不过是侥幸。

本文是篇翻案文章，发前人所未发，且见解深刻，分析周密，逻辑严谨，值得我们借鉴、学习。同时也应指出，文章最后有封建『天命论』思想，这是我们应该予以摒弃的。

注释 ①草野：原指乡野，此处指民间。皦皦：明亮的样子。②缇骑：本指古代贵官的侍从，比处指明代专事侦查、逮捕人犯的差役。抶：笞打。仆之：使缇骑倒下，打倒在地。③溷藩：厕所。④按：追究。⑤傫然：堆积的样子。⑥脰：颈项。这里指头。函：匣

五人墓碑记

明·张溥

五人者，盖当蓼洲周公之被逮，激于义而死焉者也。至于今，郡之贤士大夫，请于当道，即除魏阉废祠之址以葬之，且立石于其墓之门，以旌其所为。呜呼，亦盛矣哉！

夫五人之死，去今之墓而葬焉，其为时止十有一月耳。夫十有一月之中，凡富贵之子、慷慨得志之徒，其疾病而死，死而湮没不足道者，亦已众矣。况草野之无闻者欤？独五人之皦皦①，何也？

予犹记周公之被逮，在丁卯三月之望。吾社之行为士先者，为之声义，敛资财以送其行，哭声震动天地。缇骑按剑而前，问：『谁为哀者？』众不能堪，抶而仆②之。是时以大中丞抚吴者，为魏之私人，周公之逮所由使也。吴之民方痛心焉，于是乘其厉声以呵，则噪而相逐，中丞匿于溷藩③以免。既而以吴民之乱请于朝，按④诛五人，曰：颜佩韦、杨念如、马杰、沈扬、周文元，即今之傫然⑤在墓者也。

然五人之当刑也，意气扬扬，呼中丞之名而詈之，谈笑以死。断头置城上，颜色不少变。有贤士大夫发五十金，买五人之脰而函⑥之，卒与尸合。故今之墓中，全乎为五人也。

嗟夫！大阉之乱，缙绅而能不易其志者，四海之大，有几人欤？而五人生于编伍⑦之间，素不闻诗书之训，激昂大义，蹈死不顾，亦曷故哉？且矫诏纷出，钩党⑧之捕遍于天下，卒以吾郡之发愤一击，不敢复有株治。大阉亦逡巡畏义，非常之谋，难于猝发，待

圣人之出而投缳道路，不可谓非五人之力也！

由是观之，则今之高爵显位，一旦抵罪，或脱身以逃，不能容于远近，而又有剪发杜门⑨，佯狂不知所之者。其辱人贱行，视五人之死，轻重固何如哉？是以蓼洲周公，忠义暴于朝廷，赠谥美显，荣于身后。而五人亦得以加其土封，列其姓名于大堤之上。凡四方之士，无有不过而拜且泣者，斯固百世之遇也！不然，令五人者保其首领，以老于户牖之下，则尽其天年，人皆得以隶使之，安能屈豪杰之流，扼腕墓道⑩，发其志士之悲哉？故予与同社诸君子，哀斯墓之徒有其石也，而为之记，亦以明死生之大，匹夫之有重于社稷也。

贤士大夫者：冏卿因之吴公、太史文起文公、孟长姚公也。

譯文 这五个人，是在周公蓼洲被捕的时候，激于义愤而死的。到现在，苏州一些贤明的士绅向当局请求，清除已被废除的魏忠贤的生祠来安葬他们，并且立了一块石碑在他们的墓门前，用以表彰他们的行为。啊！真是隆重啊！

这五位志士死后，到现在修墓安葬他们，时间不过是十一个月罢了。在这十一个月里，那些富贵人家的子弟、志得意满的人物，他们得病死去，死了就埋没不值得提起的，也太多了，何况乡间默默无闻的人呢！只有他们声名显耀，这是为什么呢？

我还记得周先生被逮捕，是在天启七年三月十五日。我们复社里那些行为可以做读书人榜样的人，为他伸张正义，募集财物给他送行，哭声惊天动地。前来抓人的差役手握宝剑跑上前来责问：『谁在为他哀哭？』大家再也不能忍受了，把他们打倒在地。这时以大中丞职衔做江苏巡抚的，是魏忠贤的党羽，周先生的被捕就是他指使的。苏州的人正对他恨之入骨，于是就趁他大声呵责时，哄闹起来追赶他。这位大中

子。此作动词，用匣子收藏。⑦编伍：民间。古时编制户口，以五人或五家为一『伍』。⑧钩党：牵引为同党。钩，牵引，牵连。株治：株连治罪。⑨剪发杜门：剪发为僧、闭门不出。⑩扼腕：用一只手握住另一只手腕，形容感情激动。

丞躲在厕所里才逃脱。后来他就以苏州百姓暴乱的罪名向朝廷请示，追究这件事，杀了五个人。他们是：颜佩韦、杨念如、马杰、沈扬、周文元，就是现在合葬在这墓里的。

但是这五个人临刑的时候，昂然自若，叫着中丞的名字痛骂他，谈笑着去死。他们被砍下来的头挂在城上，脸色一点没有改变。有贤明的士绅拿出五十两银子，买下这五个人的头用木匣装起来，终于和他们的尸体合在一起。因而现在墓里，是五个人的全身。

唉！魏忠贤当权作乱时，做官的能不改变自己的志节的，天下这么大，有几个人呢？可是这五个人出身平民，从来没有听过经书上的教训，却能被正义激发，冒着生命危险毫不顾惜，这又是什么原因呢？并且，当时伪造的诏书纷纷传出，全国到处都搜捕和东林党人有牵连的人，终于因为我们苏州这一次奋起反抗，他们不敢再株连治罪。魏忠贤也因为害怕正义力量而迟疑不决，篡夺帝位的阴谋难以突然发起，等到当今皇帝即位，他就吊死在路上。这些不能说不是这五个人的功劳。

由这样看来，现在那些做大官、居高位的人，一旦被治罪了，有的脱身逃跑，远近都不能容身；又有的削发为僧，闭门不出，假装疯癫，不知躲到哪里去了。他们可耻的卑贱行为，比起这五个人的死来，轻重到底如何呢？因此，周蓼洲先生的忠诚义节显露在朝廷上，皇帝赐给他美好光荣的谥号，在死后得到荣耀。这五个人因而也能够修建起大坟，把他们的姓名刻在大堤上，所有南来北往的人，经过此地，没有不在墓前跪拜而且哭泣的。这真是百世难逢的事情啊。否则，假使这五人保全他们的头颅，老死在家中，活到他们的生命结束，人人都能把他们当作仆人使唤，又怎么能使那些豪杰们拜服，在他们墓前激动地握住手腕，抒发他们有识之士的悲愤之情呢？所以我和同社的各位先生，可惜这座墓只有一块空白的石碑，就为他们写了这篇碑记，也用它来说明生死的重大意义，百姓也能对国家安危起重大作用。

贤明的士绅是：太仆卿吴默先生，翰林院修撰文震孟先生和姚希孟先生。

赏析 这篇碑记叙述明朝天启七年苏州市民抗暴事件，歌颂了苏州人民不畏强暴、不怕牺牲，敢于向恶势力抗争的精神，表达了对『激于义而死』的五人的敬仰和悼念。文章夹叙夹议，运用了多种对比，突出了五人死得有价值。

历朝历代都有为了国家的正义事业而英勇献身的英雄，他们的事迹永存在人们的心中。『人固有一死，或重于泰山，或轻于鸿毛』，烈士们的牺牲向人们展示他们的死是有价值的，他们会永垂青史，辉煌千古而不灭。